Editions Vents Salés
33700 Mérignac

ISBN 978-2-35452-005-2

Une affaire... qui resterait à l'état d'éternel fragment.

Sandor Maraï

À Jacques,

Cet ouvrage est un roman. Une pure fiction, issue de l'imagination de l'auteur. Toute ressemblance avec des faits ou des personnages ayant existés ne serait que pure coïncidence.

Préambule

Cette année-là, les journaux ne font état que de la chute du Mur de Berlin, la réunification de l'Allemagne est en marche. C'est la fin de la « Guerre froide ». Il est question de Vaclav Havel, de Ceausescu...

L'armée soviétique quitte l'Afghanistan. Fin des dictatures au Chili et au Paraguay...

En France, en juillet, on a célébré le bicentenaire de la révolution française, on a beaucoup évoqué le siècle des Lumières.

Au cinéma, Stephan Fears présente une nouvelle version d'un grand classique de la littérature française : *Les liaisons dangereuses. Le cercle des poètes disparus et Cinéma Paradisio* se taillent de beaux succès.

Paris rajeunit avec la Pyramide du Louvre, l'Opéra Bastille et l'Arche de la Défense. Jean Vautrin se voit attribuer *le Goncourt.*

Pendant ce temps à **BORDEAUX**... Jacques Chaban Delmas est réélu maire pour la huitième fois.

Le projet d'aménagement du marché des Grands Hommes est à l'étude.

La construction de la Cité Mondiale du Vin se poursuit non sans soucis. Le magasin du Printemps ferme définitivement en mai.

La multiplication des grandes surfaces en périphérie n'y est sans doute pas étrangère.

La vie estudiantine imprègne la ville de mouvements sociaux.

Sud-Ouest, le quotidien local, crée au moment de la Libération de Bordeaux se fait l'écho du moindre fait-divers.

I

Mon père est décédé depuis plus de vingt ans, ma mère en 1999.

Nous sommes en 2005, c'est la Toussaint : novembre est synonyme pour moi de nostalgie. Je suis revenue à Bordeaux comme tous les ans pour ne pas faillir à la tradition et fleurir leur tombe. Pèlerinage annuel, occasion de méditer sur l'absence, la disparition.

J'ai été obligée de changer d'hôtel en raison des travaux paralysant le centre ville. Je suis descendue dans le quartier de la rue Fondaudège où je n'étais pas revenue depuis des dizaines d'années.

Avec plaisir je retrouve le temps océanique doux et humide du Sud-Ouest ; le pâle soleil de cette fin d'automne m'a décidée pour faire une promenade au Jardin Public. Le souvenir de mon père se rattache à ce lieu. C'est lui qui m'a appris que ce parc s'appelait autrefois le Jardin Royal, il avait même lu qu'au XVIIIème siècle on avait tenté d'y faire envoler une montgolfière. Devant les tentatives infructueuses d'allumage le spectacle avait dégénéré en émeute entre les badauds et les responsables de la manifestation. Je crois qu'il y avait eu des morts. Mon père était intarissable sur la petite et la grande histoire de sa ville.

Aujourd'hui le parc est vide, les grilles imposantes me font penser au jardin des Tuileries. Je suis passée par la porte Nord, c'est de là que partait la petite cariole tirée par un âne, aussi vieux que sa propriétaire, pour promener les enfants, du Cours de Verdun à la place Bardinaud. Je me souviens même l'avoir aperçue le soir entrant chez elle, tirant son attelage, les sabots de l'âne résonnant sur la chaussée. Sous le pont grillagé, je n'aperçois pas le petit mousse, il a dû être remisé pour l'hiver, l'embarcadère rouillé est cadenassé. Le prix de la promenade et le règlement quant à la sécurité, écrits en lettres noires sur une plaque émaillée, sont toujours affichés. Le prix est maintenant en euros. Je me demande si les enfants d'aujourd'hui sont aussi émerveillés que nous l'étions, en cariole ou sur le lac, au milieu des cygnes et des canards... La fontaine aux quatre muses marque la courbe entre deux allées qui partagent la gande pelouse. L'eau ne s'écoule pas entre les déesses, arrêtée sans doute en prévison des futures gelées ? Une pluie fine m'oblige à m' abriter un moment sous les terrasses où les philatélistes tenaient leur bourse d'échange chaque dimanche, c'était une promenade traditionnelle avec mon père. Il connaissait nombre de ces passionnés assis sur des bancs de fortune face à leurs albums offerts aux regards, et non au toucher, sauf par leurs soins, avec des pinces spéciales, et des loupes collées à leurs yeux experts. Comme j'aimais ce lieu fréquenté uniquement par des initiés dont mon père faisait partie ! Aujourd'hui les murs sont couverts de graffitis, les lourdes chaises en ferraille jaune ont disparu, la chaisière aussi. Cette employée devait faire acquitter une modique somme pour pouvoir s'asseoir sur une chaise ou une somme supérieure pour un fauteuil, elle donnait alors un ticket en guise de reçu ! Encore un petit boulot qui a disparu. Je souris en me souvenant de nos galopades d'adolescents pour lui échapper, et ne pas avoir à régler le prix d'un siège où nous ne serions restés que quelques instants. Une odeur d'urine me prend à la gorge, des immondices jonchent le sol. Je m'empresse de quitter cet endroit. Le bassin au jet d'eau éclabousse toujours, aucun enfant ne court pour se laisser mouiller.

La place du Champ de Mars reste identique à mon souvenir : des immeubles imposants du XVIIIème en arc de cercle qui me faisaient rêver, moi qui habitais une échoppe. J'ai hâte de retrouver l'énorme météorite exposée à la porte du Muséum d'histoire naturelle. Hélas, un écriteau dément la rumeur selon laquelle cette masse était une étoile filante comme je l'avais toujours cru, aussi je dédaigne les explications savantes.

La porte du musée franchie, le nom de Jean Gaudy me revient aussitôt en mémoire. Je n'avais pas repensé à lui depuis des années. Mais, presque quarante ans plus tard je me rends compte que je n'ai rien oublié de ce jeune homme au teint clair, un peu timide que je venais attendre en cachette de nos parents près des grilles du lycée Lonchamp, rebaptisé aujourd'hui Montesquieu. Ce n'était pas un garçon comme les autres ; solitaire et timide, il lisait de la poésie. Il était grand, maigre, plutôt châtain, quelques taches de rousseur, une démarche nonchalante. Vêtu avec une certaine recherche : costume sombre, croisé, chemise blanche ou bleu pâle, toujours une cravate, ce qui le rendait presque démodé, surtout quand il arborait une cordelette noire en guise de lavallière : il se démarquait ainsi, mais il me faisait penser à un chien en laisse. À ma demande il y renonça. Il n'abandonnait jamais son cartable marron bien ciré ou très patiné, méticuleusement rangé. Il devait tenir cette maniaquerie de sa famille.

Autant que je me souvienne c'était un solitaire, on ne le voyait jamais sortir du lycée parmi une bande de copains. Dès qu'il m'apercevait, son visage s'éclairait d'un sourire qui tranchait avec son air lugubre quand il passait le portail. Je me suis souvent demandée s'il ne souffrait pas de sa condition de fils de fromager-crémier, alors que la majorité des potaches avait des parents socialement plus « estimables ».

Nous nous étions rencontrés dans une soirée de rallye où une amie m'avait entraînée. Lui, comme moi, nous sentions étrangers à ce monde bourgeois. Cela nous avait rapprochés. Nous avions passé la soirée à parler poésie et littérature, puis nous nous étions éclipsés. Il m'avait raccompagnée. Ce fut mon premier grand amour. De deux ans mon aîné, il était en terminale, je devrais plutôt dire pour l'époque, en philosophie. Je venais d'entrer en seconde.

Je m'étonne d'être à la fois troublée et émue de constater qu'une si brève et si lointaine partie de mon passé reste obstinément collée à moi, à mon insu. Jean a fait partie de mon histoire pendant deux longues années. Nous nous sommes vus en cachette, le hall du musée nous abritait souvent. Nous nous écrivions beaucoup. Il avait une écriture fine, appliquée, toujours à l'encre noire, sur n'importe quel morceau de papier, une enveloppe, une publicité, une feuille arrachée à un cahier. J'ai peut-être encore aujourd'hui dans quelque livre, ses poèmes ou ses confidences. C'était un garçon fragile et inquiet. Il redoutait toute séparation, c'était toujours moi qui devais m'éloigner pendant qu'il lisait le livre que je venais de lui prêter. Je trouve étrange de l'avoir ainsi oublié car je l'avais aimé ; lui redoutait de s'attacher de peur de me perdre !

Je me revois à cette même époque en seconde au lycée Mondenard, décidément, c'est une manie de rebaptiser ces établissements, aujourd'hui il s'appelle Camille Jullian, Caju, pour les initiés. J'étais aussi timide que lui, et aussi déplacée dans cet établissement bourgeois, moi, fille d'un petit fonctionnaire. Je me souviens d'une élève que le chauffeur de son père déposait chaque matin en lui ouvrant la portière ! Et moi, qui arrivais à bicyclette ! J'ai encore sa voix dans les oreilles quand elle se présentait : Bérangère Baumel... Dans sa bouche les E n'avaient que des accents graves.

Mais c'est aussi dans ce lycée que j'ai rencontré mes meilleures amies : Argentine Kokinis, d'origine grecque, une jolie brunette toute en rondeur et espiègle ; elle vit au Vénézuela et nous continuons à nous écrire. Olivia, que j'ai perdue de vue. Et puis surtout Agnès, l'amie de toujours... Nous nous connaissons depuis la sixième. Elle a toujours été grande, charpentée, rieuse, tout le contraire de ce que j'étais, bonne élève, surtout en mathématiques, ce qui me la rendait précieuse ! Elle habitait Caudéran, près de l'hippodrome, où elle habite toujours, j'allais souvent chez elle faire mes devoirs. Nos parents se sont connus grâce à nous, ils sont devenus des amis. Nous sommes toujours restés en contact, elle fut mon témoin quand j'ai épousé François.

À cette époque-là je me trouvais insignifiante, trop petite, d'une voix douce, parfois inaudible. J'avais l'impression de passer inaperçue, ce qui n'était pas pour me déplaire... Il me semble que ma rencontre avec Jean me fit grandir. J'allais l'attendre ou il m'attendait devant nos lycées respectifs. Je me sentais alors plus importante. J'avais un copain. J'avais été remarquée. Cette rencontre me rassurait.

Notre histoire d'amour fut tout simplement un flirt, comportement périmé de nos jours. Dans nos rapports, pas question de coucher. Je souris en songeant à nos chastes baisers sur les lèvres, à nos promenades main dans la main, ou à son bras sur mon épaule. Les quelques sorties au cinéma nous offraient la possibilité de baisers plus appuyés, et de discussions sans fin. Les échanges de livres étaient le fil ténu qui nous liait et nous assurait de nos prochaines rencontres.

J'ai envie de revoir l'immeuble où il habitait. Pas très loin de mon lycée, rue Capdeville, en face d'une petite place, à proximité de l'église Saint Seurin. Il parlait de son quartier en disant « mon petit Montmartre ». Etait-ce à cause des peintres du dimanche qui y posaient leurs chevalets ?

Pourquoi Montmartre ? A cause de l'entrelacs de ses rues étroites et sinueuses ? Ce quartier est à la fois urbain par ses immeubles bourgeois, ses petits hôtels, mais aussi rural, avec ses maisons individuelles, leurs jardinets aux murets décrépis. Pas de butte, ni de cimetière, ni de théatre, ni de cabaret sauf peut-être un bar un peu louche, « le Tiki », qui nous intriguait, mais dont l'entrée était interdite aux mineurs. Il est transformé aujourd'hui en salon de coiffure. Je parcours le quartier, chaque place, chaque lieu évoque des personnages, des adresses, des anecdotes. Tout en marchant, je pense qu'il devait éprouver le sentiment d'un faubourg, parce que le magasin de ses parents était très connu, et peut-être exposé aux commérages, comme dans un village. Je mets un peu de temps pour arriver Place Meunier, qui fait face à leur rue, les feuilles jaunes des arbres s'amoncellent. J'aperçois d'abord le garage qui jouxte leur commerce, il est à l'abandon, délabré, la grande porte a été condamnée et les murs sales servent de support publicitaire. En mitoyenneté, la fromagerie. Les Gaudy habitaient l'étage au-dessus. C'était du balcon que Jean guettait mon arrivée. Les grilles en fer forgé sont aujourd'hui fermées et rouillées, la peinture blanche des montants en bois, écaillée. On devine des dessins champêtres et des noms de fromages aux consonnances écclésiastiques, ou encore du pays Normand. Seule, l'enseigne reste lisible : « La Fermette ». Des publicités s'accumulent entre le mur et la porte cadenassée, des affiches datant de l'été dernier sont encore placardées. Un panneau « À vendre » pend du balcon, le téléphone indique un numéro déjà ancien.

J'éprouve une certaine tristesse, je reste immobile devant cette façade aux volets clos, noircie par les gaz d'échappement. Un homme âgé sort de la maison mitoyenne, il me fixe curieusement, je comprends tout de suite qu'il désire me parler, je m'apprête à partir quand il me demande :

- Vous êtes intéressée par l'achat de l'immeuble?

Sans le saluer, je m'empresse de lui répondre :

- Non, non, pas du tout.

Il reprend :

- Il y a bientôt cinq ans qu'il est à vendre, mais personne n'en veut après ce qui s'est passé.

Un sourire indéfinissable, à la fois amusé, apitoyé, peut-être sournois me fait comprendre qu'il m'a pistée uniquement pour me dire cela. Je l'aurais sans doute interrogé si sa femme ne l'avait appelé. Il me tourne le dos et rentre chez lui. J'ai le sentiment que ce petit manège est organisé, pour faire fuir d'éventuels acheteurs.

II

Je ne peux m'empêcher d'évoquer la fromagerie telle que je l'ai connue : la mère de Jean, immobile derrière la caisse à droite de la porte, coiffée à la garçonne, rouge à lèvres gonfflant ses lèvres charnues, et mascara noir étirant son regard hautain. Du haut de son tabouret, elle semblait régner : souriante avec le client, exigeante avec le commis, directive envers son mari. J'avais pu l'observer quelquefois quand je venais attendre Jean. Monsieur Gaudy, et son épouse, étaient toujours vêtus de blanc des pieds à la tête. Lui, portait un calot qui couvrait sa tête, jusqu'au front.

Il me semble le revoir face au comptoir, soucieux du bon ordre de ses fromages, étiquetés par des petites ardoises noires, piquées dans les croûtes dures ou molles, indiquant tout ce que le client veut savoir.

Certaines pâtes fraîches conservées dans une vitrine réfrigérée, d'autres, ne devant pas subir des variations thermiques, étaient protégées par des tissus de mousseline fine. Il fabriquait lui-même la crème chantilly dans un petit laboratoire attenant. Le magasin bénéficiait d'une ventilation mécanique adaptée pour éviter que les odeurs fortes de Maroilles et autres fourmes, n'envahissent et ne gênent sa clientèle. Dans des tiroirs de bois, sous toute la longueur de la table de présentation, carrelée de mosaïques blanches, il rangeait ses couteaux, toujours bien aiguisés et les papiers de soie. Cet étal était protégé par une barre de cuivre, qui empêchait les clients indélicats de poser les doigts sur les produits. Strict à ce sujet, il n'était pas avare, et proposait toujours de goûter un fromage avant de faire son choix.

Je savais qu'il s'occupait dans leur cave voûtée de l'affinage de certains crus, oui, comme les vins, il était soucieux de maintenir la qualité et le renom de la maison. Jean m'avait dit que de grands restaurateurs étaient des clients attitrés tels que « La Gaillarde », « Noguès », « Le Chapon Fin », et même « La Réserve » à Pessac, ajoutait-il. Autant d'établissements que je ne connaissais que de nom. J'avais l'impression que cette clientèle donnait du prestige à la crèmerie et ennoblissait le travail de son père. Il paraît qu'il pouvait conseiller, organiser des assortiments, selon les vins servis au cours du repas. L'alliance des deux, dans notre région, est un label de savoir vivre et de qualité, pour faire apprécier l'un et l'autre. Tous ces souvenirs me reviennent, soit que Jean m'en ait parlé, soit que j'aie accompagné ma mère chez ce crémier, toujours pour des occasions exceptionnelles, comme les fêtes carillonnées.

J'ai hâte de me retrouver à l'hôtel, j'espère avoir quelques renseignements de la part de mes hôtes. Madame Bélussière reste très vague sur cette affaire. Elle me dit qu'en effet ce couple de commerçants a disparu au printemps en 1988 ou 1989, on ne les a jamais retrouvés malgré toutes les investigations ; elle me conseille d'en parler à Maria, la femme de chambre, une vieille habitante de leur quartier.

En effet Maria ne se fait pas prier après son travail pour me raconter ce qui est arrivé à ces « pauvres crémiers... »

- C'était en Novembre 1989.

Devant mon air étonné elle ajoute, affirmative :

- Je le sais car c'est l'année de naissance de mon petit dernier, Paul. C'était en novembre parce que je travaillais rue Saint Etienne, deux rues après la crèmerie, et ma jeune patronne fêtait Sainte Catherine. Elle cousait son chapeau. J'avais dû changer mon horaire car le soir elle devait sortir avec des amies. J'ai une bonne mémoire, pour ça, vous pouvez me croire. Je suis donc passée devant chez Gaudy, c'était fermé, je me suis dit : « Tiens, le père Gaudy n'a pas ouvert, il va se faire houspiller par la patronne », c'est comme ça qu'on appelait la crémière. Elle était pas commode question propreté et horaires, une maîtresse femme, très belle en plus, toujours maquillée, élégante. Elle avait le chic pour porter des blouses blanches qui laissaient deviner sa gorge, ou un bustier en dentelle, on aurait dit une mariée qui n'attend que son voile ! Je vous assure que les hommes ne râlaient jamais pour aller chercher les commandes. Mais ça, c'est une autre histoire.

Maria prend son temps, elle s'est assise et continue :

- À midi quand je suis repassée, c'était toujours fermé. Il n'y avait aucune pancarte, pour dire malade ou en congé, rien, personne ne savait ce qui se passait. Quelques clients s'arrêtaient, on discutait.

Je pense qu'elle ne devait pas être la dernière pour donner son avis, je me garde bien de lui poser des questions, je la laisse poursuivre.

- Leurs voisins, qui étaient leurs amis avaient réussi à joindre le fils Gaudy. Il savait rien lui non plus. Ça a duré comme ça une dizaine de jours, peut-être moins. Le fils a dû prévenir la police. Sud-Ouest en a parlé pendant plusieurs mois. Je vous assure que dans le quartier, ça nous a mis un coup. Une crèmerie qui marchait du tonnerre, on venait de loin chez eux, un couple sans histoire. Enfin, que l'on sache, lui n'était pas bavard. Dans le fond on ne connaît jamais très bien les gens, surtout les commerçants, bonjour bonsoir... le temps qu'il fait. En tous cas c'étaient des vaillants.

Je voudrais revenir à la disparition car le

discours de Maria va m'entraîner trop loin, je suis sur le point de l'interrompre quand elle reprend :
- On avait sonné, tapé aux contrevents, mais personne n'avait répondu. Jean, leur fils unique s'était marié la même année au printemps, un grand mariage, il avait épousé la fille d'un courtier en vins des Chartrons... Il a divorcé, d'ailleurs, après cette histoire. Voilà, ça va faire vingt ans, on n'a jamais su ce qui s'était passé. On ne les a jamais retrouvés, ni eux, ni leur voiture. Le fils voudrait vendre mais il n'y arrive pas, vous savez, les gens sont méchants et bêtes, ils croient peut-être au mauvais œil...

Je pense aussitôt au vieux monsieur qui m'a interpellée tout à l'heure. Je ne souhaite pas interroger Maria plus longuement. Je lui demande si elle connaît l'adresse du fils. Elle m'apprend qu'il vit en banlieue, à Mérignac mais elle ne sait pas son adresse exacte. Elle parait surprise de ma question :
- Vous le connaissez ? Vous êtes journaliste ? Vous allez le rencontrer ?
- Oui, je l'ai connu autrefois, mais je ne suis pas journaliste.

Elle semble déçue de devoir en rester là. Elle se dirige vers la porte en m'assurant qu'elle aurait encore bien des choses à me dire. Je la remercie et lui promets de l'appeler si je veux d'autres renseignements. Puis, elle revient sur ses pas :
- J'ai oublié de vous dire quelque chose, leur femme de ménage, l'Émilienne comme on

l'appelait entre nous, est arrivée avant le fils, elle avait les clés, elle nous a presque attrapés de nous inquiéter, et je crois qu'elle nous a fait dégager en disant que tout était normal... On l'a vue qui faisait le ménage comme si de rien n'était.

J'attends qu'elle continue, elle semble réfléchir puis reprend plus doucement, comme si elle se parlait :

- C'était une orgueilleuse, parce qu'elle était chez eux depuis la naissance de leur fils, elle se croyait presque la patronne, vous voyez ce que je veux dire. Et puis elle avait un fils qui avait soit-disant une belle situation, c'est vrai qu'il avait toujours de grosses voitures. Mais alors, pourquoi il l'a mise à l'hospice ?

Cette idée doit l'attrister, je lui demande alors si cette Emilienne vit toujours. Elle ne le sait pas. Elle renouvelle sa proposition pour m'aider à retrouver l'adresse du fils. Je la remercie, et nous nous quittons sur le pas de la porte. Je comprends que ma curiosité a ravivé ce vieux souvenir, et qu'elle est heureuse de m'en parler, elle peut enfin s'y donner un rôle.

III

Je n'ai aucun mal à trouver l'adresse de Jean et son téléphone. Cette histoire me bouleverse. Je pense de nouveau à lui qui ne supportait pas de me voir m'éloigner, je crois que toute séparation l'angoissait vraiment. J'ai envie de l'appeler. S'il ne souhaite pas me parler, je m'excuserai et tout sera terminé. J'ai mal dormi. Je me demande si Jean ne m'a pas oubliée. Je m'interroge aussi sur la réaction de mon mari quand il apprendra que j'ai cherché à revoir Jean Gaudy. Tel que je connais François, il plaisantera et me laissera faire.

J'ai rêvé que je sonnais à plusieurs portes… sans réponse. Des voisains me demandaient de partir, ou encore, un répondeur répétait inlassablement « Il n'y a pas d'abonné au numéro que vous demandez ».

Vers treize heures, je me décide à appeler,

mais au lieu d'entendre la voix supposée de Jean, c'est mon mari qui me répond. Il est en consultation, j'entends les pleurs d'un bébé, il va me rappeler très vite après. Je ne suis guère étonnée de cette étourderie involontaire ou délibérée, j'avais besoin de son aval ou plutôt de son écoute. François est cartésien, son avis me semble important. Il doit se souvenir de ce garçon dont je lui avais parlé quand nous nous sommes connus, nous l'avions rencontré une ou deux fois, il l'avait jugé « lugubre » dans ses costumes de notaire.

Je n'ai pas longtemps à attendre, François me rappelle, il s'inquiète aussitôt :

- Ce n'est pas l'heure habituelle de nos appels, rien de grave j'espère ?

J'omets de lui dire que j'ai fait une erreur de numéro et je lui explique mes intentions de contacter le fils des disparus de la rue Capdeville.

- Ça ne m'étonne pas. Hier soir quand tu m'as raconté cette histoire je me suis douté que tu voudrais en savoir plus. Attention, tu risques d'être déçue et même rabrouée, crois-tu que cet homme voudra te revoir, répondre à tes questions après tant d'années, il se demandera de quoi tu te mêles. Mais c'est toi qui décides.

- Je vais tenter, je verrai bien.

- Fais comme tu le sens, j'ai hâte d'être à ce soir. J'espère que tu as pu prendre rendez-vous avec l'entrepreneur pour les travaux de la maison de ta mère ?

- Oui, je dois le voir demain. Je vais aussi

rencontrer Agnès.
- Je t'embrasse très très fort, à ce soir pour les dernières nouvelles.

Je suis heureuse que mon mari n'ait pas fait d'objection à cette rencontre.

Cette fois, je m'applique à composer le bon numéro. Au bout de quelques sonneries une voix enrouée répond. Jean met quelques instants à comprendre qui lui téléphone. Puis, il se met à rire, il ne m'a pas oubliée même après tant d'années, il interroge :
- Trente ou quarante ans ?

Je lui confirme, il y a bien quarante ans.

Puis après quelques échanges j'en viens à lui dire que j'ai appris le drame qui l'a touché et que je veux lui manifester ma sympathie, en raison de notre vieille amitié. Sa voix se fait plus grave et il dit :
- Tu as dit le mot juste, « un drame ». Si tu as un peu de temps j'aimerais te revoir, On pourra parler.

J'accepte de le retrouver.

Il me donne rendez-vous à 15 heures au Régent, Place Gambetta.

Je suis heureuse de voir qu'il se rend aussi facilement libre. L'évocation de ce lieu que nous fréquentions me fait sourire. Nous faisons maintenant partie de ces gens d'un certain âge qui nous amusaient quand nous déambulions dans le quartier : les familiers du Régent, les bourgeois douillets qui lisent Sud-Ouest tous les matins, ont leurs habitudes et sont bien connus de tous les garçons; l'après midi la clientèle se féminise, des élégantes chapeautées observent les allées et venues de la place, et espèrent surtout être vues.

Nous avions nous aussi nos cafés favoris fréquentés par une jeunesse moins argentée, la Maison du Café, sur le cours de l'Intendance, ou le New York tout près de la faculté des Lettres, cours Pasteur, face à la maison où vécut Francis James. L'ambiance de ces lieux était plus bruyante, plus gaie, entre le bruit des juke-box, des baby-foot et les commandes des garçons passées à haute voix. Je songe alors combien mes habitudes ont changé quand j'ai connu François.

Les étudiants en médecine fréquentaient un petit bistrot, Chez Auguste, place de la Victoire : moins de musique, mais beaucoup plus de joueurs de cartes, poker et bridge... ambiance surchauffée, enfumée, studieuse pour certains. Nous y passions des heures, à faire des projets et refaire le monde. Toute cette jeunesse étudiante a quitté le centre de la ville quand la cité universitaire a été déplacée. Petit à petit ces cafés ont vu leur clientèle se diversifier, et certains disparaître pour faire place à des établissements bancaires ou des boutiques de mode.

J'ai encore un peu de temps avant notre rendez-vous. J'irai à pied place Gambetta. J'ai besoin de réflechir à cettre rencontre, je suis inquiète, j'ai agi un peu trop vite. Je me pose des questions. Que va-t-il penser de cet intêret soudain pour lui ? Il va peut-être croire que je veux le reconquérir ? Mais je décide de profiter du temps clément, et la marche va me détendre.

IV

J'ai décidé de rejoindre la Place Gambetta par la rue Fondaudège jusqu'à la place Charles Gruet et de remonter la rue de Lafaurie De Monbadon. Me voilà replongée dans des souvenirs d'enfance. Dans la longue rue qui conduit à la Place Tourny il y a toujours la petite librairie de livres pieux où ma mère aimait faire ses achats de Noël ou ceux des communions. Je suis étonnée du nombre d'agences immobilières, signe sans doute d'activité florissante ! Sur la place en arc de cercle habitait mon pédiatre ; la statue de la nymphe symbolisant la source d'Audège est toujours présente mais plus une goutte d'eau dans le bassin où j'aimais laisser traîner mes doigts, la source est sans doute tarie.

Un peu plus loin je me souviens du passage qui aboutissait à la gare routière, combien de fois ai-je accompagné une camarade de classe qui rejoignait sa grand-mère à Cénac ? C'est de cette même gare que je partais en vacances à Pessac sur Dordogne, encombrée de ma grosse valise. Les cars volumineux stationnaient dans une cour, puis ils débouchaient dans la rue Monbadon où je m'engage maintenant. Je pense que cette époque est révolue, les véhicules personnels ont remplacé ces transports en commun pour des trajets aussi courts. D'ailleurs je me demande comment ils pourraient manœuvrer avec autant de voitures en stationnement dans cette rue étroite, et celles qui s'impatientent en klaxonnant, sans compter les cyclistes intrépides qui se faufilent entre les passants jusque sur le trottoir. La gare n'existe plus ici, elle doit être dans une zone industrielle. Une résidence à la façade en pierre blanche a remplacé la vaste cour où les cars Citram manoeuvraient.

Je dépasse la rue Huguerie. C'est là que commencent les boutiques de luxe : modistes qui affichent en vitrine des créations aériennes surréalistes, une autre styliste propose des robes de mariée de rêve, un chausseur des souliers sur mesure, une épicerie expose des fruits exotiques qui forment un tableau coloré. Je m'arrête un moment devant la boutique de vêtements d'occasion, uniquement de marques célèbres : Hermès, Chanel, Dior etc... Les Bordelaises sont élégantes, les soirées à l'Opéra, les réceptions privées, les vernissages ou les fêtes dans les Châteaux necessitent de renouveler les toilettes ! Il n'y a donc aucune honte à vouloir revendre le vestiaire porté à l'une de ces occasions. En province la notorieté a ses exigences. Je souris en songeant qu'à Paris nous avons la chance du nombre, par conséquent de l'anonymat.

Cette déambulation m'a détendue. Je suis maintenant devant le cinéma Gaumont... on annonce sa fermeture prochaine, victime lui aussi des travaux dont le bruit des engins résonne jusque là. Triste constat de la décentralisation vers la banlieue et du choix de plus grands complexes. Je trouve cela dommage, j'aimais cette large entrée Cours Clémenceau, et la sortie rue du Palais Gallien ; les yeux encore imprégnés du film, nous nous trouvions légèrement désorientés.

La terrasse du Régent s'étale toujours largement sur le trottoir de la place Gambetta. Sur l'immeuble d'en face j'aperçois la pendule murale. Dernier vestige d'une célèbre joaillerie, la Maison Servan, ce chronomètre précis ne pouvait que souligner mes retards quand François m'y attendait. Bon nombre de Bordelais s'y donnaient rendez-vous.

Cette fois, je suis à l'heure et j'attends Jean Gaudy. Je viens de l'apercevoir, bien sûr il a changé... toujours élancé mais légèrement voûté, le cheveu grisonnant clairsemé. Derrière ses lunettes à montures dorées, il me cherche. Je crois qu'il m'a aperçue. Nous marchons l'un vers l'autre.

V

Nous hésitons un court instant entre nous serrer la main ou nous embrasser. C'est lui qui se penche vers moi :

- Tu permets ?

Il m'étreint aimablement. Puis il m'invite à aller nous asseoir.

- Profitons de ces derniers beaux jours, tu veux bien que nous restions en terrasse ?

Je n'ai rien dit jusque là, je suis là, embarrassée et maladroite. Le garçon nous a vus. En attendant qu'il nous serve nous évoquons les travaux pour la mise en circulation du tramway. Jean me dit que cela complique la vie des Bordelais, et crée beaucoup de nuisances et de gêne pour la cirulation. Il se montre cependant optimiste, quant à l'avenir.

Puis il me regarde souriant et me dit :

- Parle-moi de toi. Je t'ai reconnue tout de suite, tu n'as pas changé.
- Merci !
- Je suis sincère. Je suppose que tu es mariée ?

Ma réponse affirmative le laisse songeur.
- Moi, dit-il, j'étais marié depuis un an quand mes parents ont disparu. Nous avons divorcé très vite. Je comprends Marianne, je n'avais que cette disparition en tête.
- Tu ne t'es pas remarié ?
- Non, je pense ne pas être fait pour la vie en couple. En outre, J'ai été happé par le drame, par toutes ces démarches, les questionnements des uns et des autres, et les miens bien sûr. J'ai dû faire face à des problèmes administratifs sans fin, des tâches matérielles que tu peux supposer : prévenir les banques, les fournisseurs, vider les frigos, préserver la clientèle – on ne sait jamais – puis répondre à toutes les marques de sympathie, mais aussi aux journaux. Souvent pour ne rien dire, émettre des suppositions fallacieuses. Surtout s'opposer « aux marchands du temple » comme je les appelle : les médium, radiesthésistes qui se disent compétents pour ce genre de problème. Et puis faire front aux journaux à scandale à l'affût de photos ou de détails croustillants qui font vendre... J'ai dû affronter la police, la presse. Tout le passé de mes parents a été fouillé, je ne pouvais pas toujours répondre. Sans parler de mon angoisse, de mes espoirs, de ma peine.

Il s'est arrêté de parler, comme épuisé par

cette évocation, il parait absent, il tourne nerveusement sa cuillère dans sa tasse. Puis il poursuit.

- J'avais cependant besoin de ces tâches matérielles, elles me rattachaient au réel, me permettaient d'espèrer, elles m'évitaient de penser.

- Comment a réagi ta femme ?

- Au début elle a été choquée, bouleversée, elle a cherché à comprendre elle aussi... Puis, la vie a repris. Je l'entendais rire au téléphone avec ses amies, je ne le supportais pas. Je restais reclus, elle, acceptait les invitations. J'étais de plus en plus seul. Je vivais à côté de Marianne, mais j'étais ailleurs, j'attendais, de façon méthodique et résolue, puis enfin désespérée. Elle ne supportait plus de me voir trier le courrier dès que le facteur passait, dans le seul but d'avoir de leurs nouvelles. Quand le téléphone sonnait, j'espérais toujours que c'était pour moi, et je lui abandonnais la place, sans rien dire. De même, la sonnerie de la porte me faisait me précipiter... Enfin, si je me laissais aller à sortir dans quelques lieux publics, c'était toujours avec l'espoir de découvrir quelque chose ou quelqu'un, un indice, eux, peut-être... Elle ne supportait plus ce regard circulaire qui me faisait la négliger encore une fois. Nous étions en train de nous perdre. J'ai eu des problèmes physiques qu'une jeune femme est en droit de ne pas accepter. Elle est partie chez ses parents. Elle s'est remariée.

- Cette rupture a dû être un drame de plus ?

- Non, la disparition et l'attente m'ont brisé, je suis devenu insensible à tout, comme emprisonné à l'intérieur de moi, impuissant ! Rien ne pouvait m'atteindre.

Il me regarde et sourit tristement.

- Tu sais, je crois que j'ai toujours été un éteignoir, j'allais dire à femmes. Je vais t'expliquer ce qui me fait dire cela. Tu te souviens de ces photographes des rues qui faisaient semblant de prendre des instantanés des passants, puis les encourageaient à reprendre la pose pour les photographier et le lendemain ils allaient chercher les clichés ?

- En effet, je me souviens très bien, mais je ne vois pas ou tu veux en venir.

- Un jour, je t'ai aperçue au bras de François, ton fiancé à l'époque, et là, j'ai compris en te voyant tellement épanouie que je n'aurais jamais pu te donner cette joie qui illuminait ton visage... tu étais une autre. Il y a quelques années j'ai aussi revu Marianne suspendue au bras de son mari, elle avait ce même air béat. Tu vois, je me demande même si j'ai su aimer mes parents...

- Tu cherches à te faire mal, mais espères-tu encore ?

- L'attente sera sans fin. C'est une histoire inachevée qui a brisé toute ma vie. L'espoir s'amenuise, il ne reste que le vide. Ce que j'espère c'est qu'un nouvel indice viendra me révéler ce qui s'est exactement passé. Tu te rends compte : disparition d'un couple, de leur voiture, aucun indice, aucune revendication, aucune trace ! Comme volatilisé. Mais on a dû te le raconter dans le détail.

Je suis étonnée de la facilité avec laquelle il parle avec moi qui suis devenue une étrangère pour lui. Je mets un moment à répondre.

- Oui, une employée de l'hôtel m'a raconté ce premier jour.

- Le premier jour, la première semaine, ce n'est pas le plus dur, car tout espoir est permis. Ce qui est terrible, c'est la durée. Des milliers de fois j'ai revécu tout cela. Ce qui est terrible aussi ce sont les sentiments contradictoires à l'égard de mes parents. Selon les instants, je les aime ou je les déteste, je les rends responsables sans rien savoir. J'ai eu des soupçons même à l'égard de notre vieille employée, Émilienne, que j'aimais comme ma grand-mère, je l'ai toujours connue. Elle a tardé à m'appeler, elle a fait le ménage comme si mes parents allaient rentrer du marché des Capucins. Ma mère lui avait donné trop de responsabilités, trop d'autorité pour régenter notre maison, elle s'est autorisée à éloigner les badauds, elle a effacé toute trace... J'en veux à la terre entière. S'ils ont été assassinés, il fallait agir rapidement.

J'ai besoin de revenir à des questions pratiques, je crains d'être trop inquisitrice.

- C'est là que tu as décidé de vendre ?

- Pas tout de suite, car il faut attendre dix ans pour que la disparition devienne équivalente à un décès. On est alors autorisé à régler la succession. Pour moi, rien n'est réglé, toujours les mêmes interrogations : Pourquoi ? Qui ?

Comment ? Et surtout qu'ai-je négligé ? De quoi ont-ils voulu me priver ou me punir.

Le café s'est rempli. Nous décidons de marcher. Nous nous dirigeons vers le Jardin Public en descendant le cours Georges Clémenceau, une des avenues prestigieuse du triangle bordelais, avec les allées de Tourny et le cours de l'Intendance, autrefois promenade obligée des Bordelais... Il me regarde et sourit tristement. Nous nous sommes levés, la fraîcheur arrive. Nous nous dirigeons vers la Place Tourny. La couleur flamboyante des arbres donne une luminosité étonnante malgré le ciel qui s'est obscurci. Jean ne remarque rien, il traîne les pieds comme une personne âgée. Je pense qu'il est fatigué, je lui propose de nous quitter ici.

VI

Il n'a pas entendu ma proposition. C'est lui qui me demande si toutes ces histoires ne m'embêtent pas. Il ajoute de façon abrupte :
- Dans le fond, tu n'en as rien à foutre de mes états d'âme, tu n'es pas venue à Bordeaux pour m'écouter… Mes sentiments, je les ai triturés tant de fois dans tous les sens, j'en ai même parlé à un psychiatre pendant des mois et tu vois, cela n'a pas changé grand-chose.

Je le regarde à la dérobée. Il est pâle ; son élocution saccadée, et ce changement de ton, presque agressif, ses silences lourds me troublent… Il fait craquer ses doigts comme s'il voulait les briser. Il interrompt mes réflexions et s'excuse presque de sa nervosité. Il a dû oublier ce que je lui avais dit à mon sujet, il me demande :
- Tu es mariée ?

Puis, se ravisant :

- C'est vrai tu me l'as déjà dit, et tu vis à Paris ?
- Oui, je suis venue à Bordeaux pour la Toussaint.
- Après propédeutique, tu as continué tes études littéraires ?
- Non, car mon père est décédé brutalement alors j'ai choisi une carrière plus courte, j'ai fait mes études d'infirmière à Bagatelle.

Volontairement je lui réponds de façon concise car je pense qu'il me pose ces questions par pure politesse. Il veut cependant savoir ce que fait mon mari, et où je l'ai connu. Puis il me questionne :

- Vous avez des enfants ? Est-ce que tu travailles ?
- Nous avons une fille, Elise, qui aura vingt ans en décembre. J'ai travaillé à Paris pendant deux ans, le temps que François termine sa spécialité de pédiatrie, je l'ai aidé quand il a ouvert son cabinet.

Je vais continuer et ajouter que j'écris des livres pour enfants, quand il me pose la question qui doit le tenailler depuis le début :

- Ta mère est morte récemment ?
- Il y aura six ans au mois d'août.

Il ne fait aucun commentaire. Il revient au sujet qui le préoccupe :

- Ta mère a donc su pour mes parents, tous les journaux en ont parlé. Elle ne t'a rien dit ?

Cette question à propos de ma mère n'a qu'un seul but, savoir ce que je sais au juste.

- Non. Tu sais, j'étais mariée, je vivais à Paris, je revenais uniquement pour les vacances. Ma mère venait tous les mois nous voir, mais elle n'aurait pas imaginé que ce drame pouvait m'intéresser, me toucher. Rappelle-toi ! À cette époque nos parents ne se mêlaient guère de notre vie sentimentale, je crois ne lui avoir jamais parlé de toi. En réalité je pense qu'elle se doutait de quelque chose. Je prétextais trop souvent du travail à la bibliothèque ou chez Agnès pour te retrouver... Tu te rends compte comme les temps ont changé !

- C'est vrai. Mes parents, eux, te connaissaient, ils t'avaient vue m'attendre. Ils savaient pour nous deux.

Jean reste un moment songeur, puis il reprend :

- Du haut de son comptoir, ma mère voyait tout. Elle était capable d'être aimable avec tous les clients, elle s'intéressait à leurs problèmes. Je crois qu'ils l'aimaient bien. Pour la fromagerie, elle était scrupuleuse quant à la propreté et l'hygiène. Elle pouvait être vindicative quand des clients nous quittaient, piquante (à leur égard) s'ils revenaient. Mon père était toujours là pour adoucir ses propos. Ce qui m'étonne encore aujourd'hui dans cette disparition, c'est que ma mère ait pu suivre mon père, car tu vois, c'était une maîtresse-femme. Si mon père a eu des velléités de répondre à des offres alléchantes pour gagner plus en se fatiguant moins, ou pour partir à l'étranger, ce ne peut être que ma mère qui a tout organisé. Lui, n'était pas un homme attaché à l'argent. D'autre part, je suis sûr qu'ils m'en auraient parlé.

Je suis surprise encore une fois du changement de ton de Jean. Son récit peut être celui d'un être sensible, tel que je l'ai connu, puis devenir celui de quelqu'un de méfiant, d'incompréhensible. Une idée saugrenue me vient : s'il était leur complice ? Il a beaucoup parlé mais il tait sans doute bien des choses. Je décide que nous devons en rester là. Cette façon de sauter du coq à l'âne, d'oublier ce que je lui ai dit un moment avant... ses longs silences me gênent. C'est un homme vulnérable, fragilisé, je dois rester prudente et ne pas chercher à aller plus loin. Nous sommes arrivés place Tourny, les embouteillages sont à leur comble, les voitures des services municipaux ajoutent à la confusion en installant les illuminations de Noël. Je ne reconnais plus cette place, encombrée d'abris de chantier et de palissades, seule la statue de l'Intendant Tourny semble indifférente à cette cohue. Les automobilistes sont nerveux, s'invectivent, les agents contrôlent mal le flot des voitures descendant du cours de Verdun; le bruit, la pollution, finissent de me mettre mal à l'aise. J'ai envie de me retrouver seule dans la quiétude de la rue Labottière, où des propriètaires ont transformé leur demeure en un hôtel de charme des plus accueillant.

Je propose à Jean de nous quitter là. L'évocation de souvenirs aussi douloureux a dû l'épuiser. Il me regarde tristement, il m'assure qu'il n'est pas du tout fatigué, qu'il aurait aimé me confier tant d'autres choses, il est trop content de notre rencontre.

VII

Nous sommes sur le point de nous séparer, quand une averse d'une violence inouïe nous oblige à nous réfugier dans le café le plus proche. Jean a cherché à me protéger de sa veste mais j'ai traversé l'avenue plus vite que lui en courant. Je l'attends sous la verrière de la brasserie. D'autres personnes s'y abritent et s'écartent pour laisser de la place aux autres piétons qui accourent. La pluie tombe dru. Chacun s'étonne de sa soudaineté et de sa violence. Les autos ont allumé leurs phares, la chaussée est devenue luisante, une eau boueuse recouvre le cours et déborde des caniveaux. Jean m'a rejointe, nous sommes trempés, les cheveux plaqués dans le cou et sur nos visages. Il essuie ses lunettes, nous rions en nous regardant. Il ironise en me montrant la pluie :

- Tu vois, cette averse est ma complice, le ciel m'a exaucé, tu ne pouvais pas t'éclipser aussi vite. J'ai encore bien des choses à te dire.

Nous avons besoin de nous réchauffer. Nous sommes maintenant installés dans le café. Jean tourne le dos à l'entrée, il me fait face. Nous réchauffons nos doigts au chocolat chaud que l'on vient de nous servir. Ambiance feutrée et fauteuils club créent une atmosphère très « british ». Dans une véranda, un billard. Deux hommes jouent en silence. Jean a mis à sécher sa veste sur le siège à côté de lui. Il porte un pull à col roulé. Je me demande s'il a toujours autant de cravates, celles qui le vieillissaient à l'époque, et aussi ces cordons noirs autour du col que je touvais tellement ridicules.

Le « piège » que la météo vient de nous tendre semble l'avoir servi, il me demande :

- Tu as pu aller te recueillir sur la tombe de tes parents ? Tu es venue à Bordeaux pour ça n'est-ce pas ?

- Oui, et aussi pour des travaux à prévoir dans leur échoppe que je vais louer.

Je me rends compte que son interrogation est plus une affirmation qu'une véritable question. Il me parle en fixant un point du mur derrière moi comme s'il suivait des lignes de fuite où il allait se perdre.

- Tu vois c'est toute la différence entre nos disparus. Tu vas sur leur tombe, c'est le privilège des morts, et de leurs survivants, à côté de ceux qui disparaissent sans sépulture. Je ne peux pas faire le deuil. Aucun endroit où me recueillir. Rien. Le néant. Tu parles aussi de leur maison, la tienne maintenant. Tu ne te rends pas compte de ma douleur lorsque j'ai dû vider la leur, alors qu'ils n'étaient peut-être pas morts, simplement absents ? En le faisant, il me semblait les tuer, je supprimais tout espoir de retour, toute trace, j'anéantissais toute mon enfance, en quelque sorte, je me suicidais.

Je n'ai rien à dire, je le comprends. Jean me regarde de nouveau, presque tendrement :

- Tu te souviens des vers de Verlaine qui nous émouvaient tant :

Lorsque tu fermeras mes yeux à la lumière
Baise les longuement car ...

Tu te souviens aussi de nos discussions à propos de Sartre qui avait refusé le Nobel, ou du Catholicisme et de son renouveau après Vatican II, toi, tu étais sceptique. Et de la mort de Kennedy ! Tout se mélange un peu au niveau des dates et des événements, mais pas de l'enthousiasme que nous y mettions.

Nous avons retrouvé l'amitié que nous avions l'un pour l'autre. C'est lui qui exprime ce que je viens de ressentir :

- C'est curieux, dit-il, après tout ce temps, je te parle comme si nous nous étions quittés hier.

Puis, il me regarde en souriant :

- Je me demande pourquoi et comment nous nous sommes quittés.

- C'est tout simple : nos études et nos relations ont espacé nos rencontres, tu étais à la fac, j'étais encore au lycée. Nous nous sommes perdus de vue.

Nous gardons le silence un long moment. En réalité je pense que je me suis éloignée de lui car je le trouvais trop tourmenté. Il me faisait peur. Puis, très vite, j'ai connu François. Etudiant en première année de médecine, il était dynamique, plein d'entrain…

J'ai découvert des sorties bien plus excitantes et des lieux typiques d'une vie insouciante d'étudiants. Il y avait l'AG (Association des Etudiants) cours Pasteur entre le New-York et la faculté de Lettres. Une petite salle surchauffée et enfumée où l'on se pressait pour danser et écouter Sydney Béchet, les Rolling Stones… Aucun principe de précaution à cette époque, pas de sortie de secours, pas d'absorbeur de fumée. On dansait aussi à la Cité Universitaire, rue de Budos, plus chic, fréquentée davantage par les scientifiques et les étudiants en Droit que l'AG, ou se retouvaient les littéraires plus gauchistes. Mais que ce soit dans l'un ou l'autre de ces endroits, la trompette bouchée nous faisait vibrer, stimulait notre désir et le besoin de nous retrouver chez François, rue des Menuts, dans sa petite chambre remplie de planches d'anatomie placardées sur les murs. Nous nous y sommes aimés. Nous ne pouvions plus nous passer l'un de l'autre, c'est là que nous avons décidé de nous marier. A cette époque, pas question de vivre ensemble sans être passé devant le Maire.

J'ai vite oublié Jean. Ces réminiscences me réjouissent et m'éloignent une fois encore de lui et de ses sombres souvenirs. Je souris en repensant à tous mes bonheurs avec François. Jean me regarde, il imagine sans doute que ce sourire lui est destiné, il prend ma main dans un geste d'affection. Je me dégage et reviens à des préoccupations plus prosaïques. Je n'ai pas mangé depuis le petit déjeuner et je commence à avoir très faim. Je propose que nous commandions quelque chose. Le garçon nous invite à nous déplacer dans une autre salle plus petite où les tables sont dressées pour des repas à n'importe quelle heure du jour.

VIII

Nous sommes installés dans un coin à l'abri du passage et des autres tables, il a dit : « vous serez bien là ». Il nous laisse la carte pour faire notre choix. La salle s'est remplie, je reconnais les deux joueurs de billard et quelques personnes qui s'étaient abritées en même temps que nous. Nous consultons la carte. Jean s'interrompt, il veut s'excuser : il a peur de me fatiguer avec ces histoires, mais il souhaite évoquer une dernière chose importante qu'il n'a confiée qu'à son analyste.

Je l'interromps tout de suite car je crains qu'il ne regrette de trop se livrer. Je l'interroge : « pourquoi moi ? » Je sais qu'une vieille amitié nous lie mais nous étions des adolescents, nos vies se sont séparées, nous avons évolué. J'ai peur de ne pouvoir lui apporter une réponse, seul son thérapeute est compétent pour l'aider.

Il insiste :
- Je sais tout cela, mais tu es de passage, dans deux jours tu auras regagné Paris. J'ai confiance en toi.

Le garçon est venu nous servir. Jean touche à peine au bœuf en daube dont je me régale. Il me regarde vaguement attendri. Le garçon vient nous demander si tout va bien et si nous souhaitons des desserts. Jean ne veut qu'un café. Je demande une crème brûlée. Nous parlons de son travail, de l'évolution de sa carrière. Je lui parle d'Elise, notre fille qui vit en Angleterre, et de la profession de François, de notre vie à Paris. Il se souvient d'Agnès, il me demande si j'ai gardé contact avec elle.

Je suis maintenant prête à l'écouter. Il ne me regarde pas, il plie sa serviette, il se concentre.
- Je vais te parler de mes soupçons.

J'attends qu'il poursuive. Je dois reconnaître que les disparitions inexpliquées comme celle de ses parents m'ont toujours fascinée. Jean ne me regarde pas : légèrement incliné en avant, il garde ses deux mains posées dans les plis de la serviette.
- Un jour, dit-il, je devais avoir huit ou dix ans, mon père préparait des commandes, je jouais dans la cuisine avec mes autos et mon garage. Ma mère était sortie. Mon père m'appelle et me demande d'aller la chercher. Il pense qu'elle est chez Delors ; ces voisins de l'âge de mes parents, devenus des amis, n'avaient pas d'enfant et j'étais en quelque sorte leur filleul.

Marcel était un jeune retraité de l'armée, Marie sa femme n'avait jamais travaillé. Je quitte donc mon garage et passe par le jardin pour aller chercher ma mère. La maison semble déserte, je pénètre dans la véranda. Je crois entendre une plainte, un essouflement. J'appelle :

- Marie, est-ce que maman est là ?

Je vois sortir Marcel de la salle de bain contiguë à leur chambre, il remonte son pantalon, congestionné, l'air absent. Essoufflé, il me dit : « Marie n'est pas là, ta mère non plus. Si je la vois, je lui dirai que ton père la réclame. « Va vite ! »

Je m'empresse de regagner la maison en me disant que j'ai dû déranger Marcel. Il devait être aux toilettes, malade peut-être ? Mon père ne m'a rien demandé, j'ai repris mes jeux, et j'ai oublié cette anecdote. Ce n'est que récemment que l'image de Marcel a pris une tout autre signification. J'ai réfléchi depuis, et je crois que ma mère est rentrée peu de temps après.

J'avais presque quarante ans quand leur disparition est arrivée. Mes parents formaient à mes yeux un couple sans histoire, alors je crois avoir compris bien des choses.

Je suis incapable de réagir à cette longue confidence. Les traumatismes de l'enfance et leurs interprétations restent souvent enfouis sans conséquence. Il suffit d'un drame comme le sien pour qu'ils ressurgissent et prennent du sens. Je reste silencieuse. J'espère qu'il n'attend pas de moi une réflexion, la parole suffit sans doute à le libérer. Il continue.

- Mon père était un homme silencieux, réservé, mais quand je pense à lui aujourd'hui, je dirais taciturne et réfléchi. Il avait aussi sa part d'ombre. Tous les jeudis, il partait à 20 heures précises, pour rejoindre un groupe de travail. Je n'avais jamais posé de question à ce sujet, c'était un rituel, il rentrait vers minuit.

A l'adolescence, un jour, ma mère m'a refusé une sortie, je me suis révolté en lui disant :

- Tu ne dis rien à papa qui sort tous les jeudis. Tu ne sais même pas où il va !

Ce soir-là mon père prit la peine de m'expliquer. Il s'agissait d'un groupe de compagnons avec lequel il traitait de questions philosophiques et sociales, puis traditionnellement, ils partageaient un repas.

Ce n'est que beaucoup plus tard que j'ai compris qu'il était Franc-Maçon. J'ai d'ailleurs trouvé dans une armoire ses écharpes, ses tabliers et des travaux qu'il gardait en grand secret, dans une valise en carton.

Il ne se doute pas combien cette révélation me touche. Il se tait.

- Tu en as parlé à la police ? Cet engagement a peut-être un rapport avec leur disparition.

Il rit, et se reprend aussitôt :

- Pas du tout, la Franc-Maçonnerie n'est pas une secte où l'on fait disparaître les adeptes. J'ai d'ailleurs fait moi aussi une demande pour être admis au Grand-Orient de France. Je voudrais par là essayer de mieux comprendre mon père, cet engagement l'avait grandi à mes yeux.

J'ai l'impression qu'il rougit, est-il gêné de m'avoir confié des choses aussi intimes ? Cette démarche me semble positive, elle tend à prouver qu'il va mieux. Je garde ces impressions pour moi. Puis je pense tout haut

- C'est étrange, quand une personne décède, on oublie ses petitesses, on en fait presque un Saint. Dans le cas d'une disparition, comme pour tes parents, on cherche les failles, on fouille leur passé. Ce doit être une nouvelle épreuve pour ceux qui attendent comme toi.

Il soupire, et avoue combien il regrette tous les non-dits, tous les silences dont sa famille l'a entouré.

- J'ai émis une autre hypothèse à ce moment-là. Mon père était un homme confiant et crédule. J'ai retrouvé une lettre d'une société bancaire implantée en Afrique qui laissait espérer des intérêts mirobolants. Il y a eu une enquête de police à ce sujet, car un certain nombre de personnes avaient été piégées. J'avais remis cette lettre au service intéressé, mais ils n'ont pas donné suite. Rien ne prouvait que mon père avait été coupable, mais j'ai toujours gardé un doute. D'autre part, quelques temps avant leur disparition, j'ai cru comprendre qu'il cherchait à s'installer ailleurs. Mais tu sais, je venais de me marier, j'étais tout à mon bonheur, et je n'ai pas prêté attention à ses propos. Tu ne peux pas savoir combien je le regrette aujourd'hui.

Ces réflexions font écho en moi. Ma mère

disparue, il me semble que moi aussi j'aurais eu tant de choses à lui demander, surtout à propos de mon père : Franc-Maçon, lui aussi. C'est étrange. Je songe qu'il a été limogé de la Police pendant la guerre à cause de cet engagement, mais nous n'en n'avons jamais parlé puisqu'il a été réintégré. Chez moi non plus, on ne se racontait pas.

Pourquoi Jean se livre-t-il ainsi devant moi, une étrangère ? Si l'on renversait les rôles je suis sûre que j'aurais été incapable de dévoiler des choses aussi intimes à un ami de passage. J'aurais fait dévier sa curiosité en lui posant des questions sur sa vie. En s'intéressant à l'autre, on échappe à ses investigations.

Les différentes explications de Jean m'étonnent. Son ton est parfois celui d'un être sensible, puis il devient méfiant, suspicieux. Veut-il me faire oublier sa mère *adultère,* son père, un idéaliste initié aux mystères de la Franc-Maçonnerie ? Cache-t-il encore bien des choses ? Serait-il complice ?

Je pense alors à son immense solitude qui doit expliquer ce débordement de secrets.

La nuit est maintenant tombée. Nous quittons la brasserie, il est presque vingt heures. La circulation est plus fluide. Jean s'excuse d'avoir autant mobilisé la conversation, il espère ne pas m'avoir « saoulée » mais peut-être épuisée ? Il est heureux de nos retrouvailles, car avec moi il est à l'aise, il ne se sent pas jugé comme avec certaines personnes.

Il me dit combien cela lui a fait du bien de me parler. Il va prendre un taxi pour rentrer chez lui. Il propose de me déposer à mon hôtel en passant. J'accepte volontiers car j'ai hâte d'être seule et d'appeler François.

IX

Je suis heureuse de me retrouver dans ma chambre d'hôtel. Je trouve bien étrange notre conduite d'adultes qui met encore nos parents au coeur de nos échanges, il est vrai que dans son cas, cela est bien légitime. Je m'interroge de nouveau sur ce qui m' a poussée à vouloir le rencontrer en dehors de ma curiosité pour tous les gens qui disparaissent. Peut-être une certaine reconnaissance envers le jeune homme qui m'avait remarquée à une soirée ?

Une reconnaissance pour cette amitié et l'enrichissement mutuel que nous y avons trouvé ; il m'avait aidée à grandir et prendre confiance en moi, alors en apprenant son drame, j'ai eu pitié de lui. J'ai en quelque sorte voulu lui apporter mon soutien.

J'ai eu à peine le temps de me doucher que le téléphone sonne. C'est encore lui, il veut me remercier pour ma patience, et s'excuser d'avoir été aussi bavard, il répète que cela lui a fait du bien de me parler, qu'il a été très heureux de me retrouver, il aimerait que nous puissions nous revoir avant mon départ. Il m'a déjà exprimé tout cela quand nous nous sommes quittés avant de prendre le taxi. Aussi lui dis-je clairement que ce ne sera pas possible. Je souhaite en rester là, je crains qu'il ne s'accroche à moi, il a l'air tellement seul.

Il m'a parlé de sa carrière. Depuis cinq ans il est professeur de Lettres dans un lycée à Pessac. Il a obtenu sa mutation à sa demande car il ne souhaitait plus continuer à côtoyer les collègues qui avaient été les témoins compatissants de son drame. Il s'était senti entouré mais pas toujours compris. Dans ce nouvel établissement personne n'est au courant, c'est préférable à ses yeux.

Ses propos au sujet des ses anciens collègues, de son ex-épouse, de ses voisins, laissent deviner une certaine méfiance. Il a souhaité couper court, ne plus en parler. Il se sent jugé, voire soupçonné. Il est très seul c'est certain, ne le cherche-t-il pas ? Veut-il m'éprouver, voir ma réaction ? Se complaît-il dans ce rôle de victime ? Je ne sais que penser. Certaines reflexions, certaines tonalités, certaines révélations m'ont mise très mal à l'aise. Il s'est montré ambigu à propos de ses voisins, il a vite changé de sujet.

J'ai hâte d'appeler mon mari pour lui parler de cette rencontre. J'ai cependant l'intention de poursuivre mes investigations et souhaite avoir son avis. Je vais lui expliquer que je n'ai aucune raison de revoir Jean, mais que je voudrais simplement revoir leur maison pour mieux comprendre cette énigme.

François, toujours prudent et sage me conseille :

- Laisse tomber ; ton gars n'est pas clair ou cette triste histoire l'a rendu parano. Il sait beaucoup plus de choses qu'il n'a voulu te dire... et puis une histoire aussi vieille, qu'en reste-t-il dans les mémoires ? Ne te fais pas d'illusions. Tu auras toujours des gens qui seront flattés d'avoir connu de près ou de loin les disparus qui ont fait la une des journaux, ils broderont à leur sujet, cela leur donnera une certaine importance.

C'est bien ce que j'ai ressenti avec Maria, tellement volubile.

- Quant à la maison, je ne vois pas ce que cela va t'apporter.

Puis, sur un ton plus badin, François ne peut s'empêcher de faire une remarque.

- Dis donc, Jean a été ton petit copain ? N'est-il pas en train de vouloir te reconquérir ?

Je le rassure :

- Jean Gaudy ne m'intéresse que par sa situation de fils de parents disparus. C'est tout. C'est vrai qu'il est toujours aussi compliqué et étrange. Cette histoire ne l'a pas arrangé.

François me dit qu'il lui tarde que je rentre, il est déçu d'apprendre que je reste quelques jours de plus ici pour voir les artisans. Il m'apprend qu'Élise a appelé, elle viendra avec nous passer les fêtes. Je suis enchantée de cette pespective.

Malgré les recommandations de François je suis bien décidée à appeler l'agence demain matin.

X

Je me rends bien compte que cette démarche est un peu stupide, elle ne relève d'aucune logique. J'ai toujours eu l'idée que les maisons ont une âme et peuvent nous éclairer sur leurs propriétaires. Dans ce cas, l'âme a dû disparaître avec ses propriétaires ? Je veux me donner bonne conscience.

J'ai envie de revoir les lieux, cela ne prête à aucune conséquence.

Cette histoire m'intrigue. La visite m'aidera sans doute à mieux la cerner. Comme avant de reprendre contact avec le fils Gaudy mon sommeil est peuplé de rêves : la maison recèle des trappes où je m'enfonce, il y a des tables couvertes de linceuls, des caves voûtées où je me perds. Les voisins me poursuivent. Je me réveille tôt, j'ai l'impression de ne pas avoir dormi. J'hésite longtemps avant de téléphoner, mais ma curiosité l'emporte.

La personne de l'agence me semble réticente, elle me dit qu'il faut prévoir beaucoup de travaux. Je maintiens que je souhaite faire la visite. Je lui donne mes coordonnées, l'adresse de l'hôtel semble la rassurer ainsi que notre situation à Paris. Le rendez-vous est prévu à 14 heures. J'ai la matinée pour faire une promenade dans Bordeaux, avant de rencontrer les artisans pour les travaux dans la maison de mes parents.

Le temps est resté bien ensoleillé et doux. Je décide de longer les quais. Les façades inondées de soleil m'émerveillent toujours autant. Dommage que les travaux entrepris pour le tramway provoquent autant de bruit et de poussière. Place de la Bourse je note la disparition de la statue des Trois Grâces. Je me dirige vers la place Saint-Michel, c'est dans ce quartier que mon mari a passé son enfance. Au 60 rue des Menuts, la porte est toujours entrouverte, le couloir aussi sombre, les murs noircis, le carrelage à damier, détérioré. L'odeur d'humidité et d'égouts me prend à la gorge. Beaucoup de commerces ont fermé : le marchand d'images pieuses et de cierges, l'épicerie tenue par une vieille femme qui avait perdu son fils pendant la guerre d'Algérie... Des échafaudages encombrent le trottoir, plusieurs façades sont en cours de ravalement. Le quartier est en pleine mutation, il n'est plus le lieu d'accueil des populations d'émigrés qui s'y sont succédées : Espagnols, Algériens, Turcs... Il va devenir un lieu résidentiel.

Je retrouve la rue avec plaisir bien que le soleil n'éclaire que les derniers étages du côté impair. Je remarque les mascarons qui ornent nombre de façades, certains portent des signes maçoniques que je note plus volontiers aujourd'hui. Je sais que la Franc-Maçonnerie a été très active à Bordeaux depuis le XVIII ème siècle. Est-ce pour cela que le père de Jean et le mien en ont fait partie ? Quelle coincidence ! Se sont-ils connus ? Je déambule dans ce quartier maintes fois sillonné avec François. Aujourd'hui je n'y connais personne et personne ne me reconnaît. Incognito. Je pense aux crémiers qui arpentent peut-être des rues semblables dans un pays où ils ont pu s'enfuir : Vénézuela ? Argentine ? Afrique ? Comme les collaborateurs après la guerre, fortune faite. Ou encore les Juifs pour échapper aux Nazis. Mais ces fuites demandaient mûre réflexion et de longues préparations. D'autre part, ils ne partaient pas sans que des amis ou des proches en soient informés. Si les Gaudy sont partis, comment ont-ils pu laisser dans l'ignorance leur fils unique ? Dans une éventualité semblable, une fuite avec François, sans notre fille, me semblerait inimaginable.

Pour quelles raisons décide-t-on de tout quitter ? Banqueroute ? Enrichissement frauduleux ? Echapper au fisc ? Après avoir commis un crime ? Je suis à court d'hypothèses... Enfin je me pose la question de « fuir à deux » qui nécessite connivence, espoirs communs, ou même peurs aliénantes...

D'après ce que m'a dit Jean à propos de ses parents, deux personnalités bien différentes; leur complicité dans un départ semble peu probable, je me perds en conjectures. La visite de leur maison va-t-elle me donner quelque indice ? Je me mets à sourire car nombre d'enquêteurs très qualifiés n'ont pu résoudre cette énigme. Alors moi ! Qui plus est, une affaire qui remonte à vingt ans !

Je suis en avance pour rencontrer le maçon et le charpentier qui doivent effectuer les travaux dans ma maison, rue Pasteur. Je viens de m'apercevoir que j'ai employé le possessif, d'habitude je parle de la maison de ma mère. C'est une échoppe simple, habitat traditionnel à Bordeaux. C'est la maison où j'ai toujours vécu. En façade, le jardinet clos par un muret doit être restauré, le portail est à consolider. J'ai mis beaucoup de temps à envisager des travaux, à modifier les ouvertures, ajouter une pièce, peut-être un étage. Par contre je ne toucherai pas à la frise qui encadre les fenêtres en arc de cercle. Accepter ces grands changements dans la maison maternelle me semble être le signe que je commence à me l'approprier.. C'est peut-être une façon de faire le deuil.

Le rôle des maisons et leur possession ont une fonction d'identité. Elles témoignent de la vie d'une famille. La nôtre, exposée au soleil, plein sud, avec deux fenêtres en arrondi et son portail toujours ouvert, me semble illustrer la générosité et le bonheur...

Il me tarde de découvrir celle des Gaudy. Dans mon souvenir, je sais que les fenêtres sont étroites, séparées en deux sur toute leur hauteur par un mur sculpté, ce qui doit assombrir les pièces. A la porte d'entrée, en toutes saisons, je me souviens d'un rideau épais ; souci de protection de la peinture ou mise à distance supplémentaire des intrus ou des curieux ? Beaucoup de maisons à Bordeaux protègent ainsi leur entrée.

À Caudéran, les artisans ont pris leur temps, et des mesures, sondé les murs et la charpente... Ils sont optimistes quant à la possibilité d'agrandir et de surélever. Je suis fière de ma maison. Je vais attendre les plans et les devis. Je m'aperçois qu'il est tard, je dois me dépêcher pour mon rendez-vous.

XI

La négociatrice m'attend en effet car je suis en retard. Elle a ouvert portes et fenêtres. Son accueil est assez froid. Elle doit être lassée de faire visiter cet immeuble sans pouvoir conclure une vente. En professionnelle avisée, elle m'explique qu'il faudra prévoir des travaux quel que soit l'usage auquel on destine ce bien. Là, son ton et son regard sont interrogatifs. Son silence demande une réponse. J'improvise : mon mari souhaite quitter la région parisienne et installer son cabinet de pédiatrie à Bordeaux. Elle semble rassurée, car je suis sûre que depuis « l'affaire », elle a dû faire visiter à beaucoup de curieux. Elle se met à vanter l'emplacement et les grandes possibilités qu'offre cet immeuble. Je suis étonnée d'avoir subitement trouvé cet argument. Est-ce ma visite dans le vieux Bordeaux, ou les projets dans ma maison de Caudéran, qui ont provoqué cet idée d'un retour ? Ou tous les souvenirs qui ressurgissent et qui me rendent nostalgique de ma ville et de mon passé ? Je dois maintenant continuer le jeu. En réalité, je me demande ce que je suis venue chercher dans ce lieu. J'ai presque honte de faire perdre du temps à cette personne.

Nous commençons par la partie habitation: maison bourgeoise avec salon et salle-à-manger donnant sur la rue, une cuisine sombre éclairée par un puits de jour ; une chambre avec cabinet de toilette s'ouvre sur une véranda. Dans le jardin en contrebas, les herbes ont envahi les massifs, des pots de fleurs renversés donnent un grand sentiment d'abandon, seuls quelques chrysanthèmes jaunes fleurissent et retombent en raison de leurs faibles tiges. Des tinettes dans le jardin comme il était d'usage autrefois, et un vieil appenti délabré. A l'étage quatre chambres, une salle de bain donnant sur la rue. La représentante de l'agence me fait remarquer la bonne luminosité de toutes ces pièces. Puis, nous passons niveau rue à la partie professionnelle: l'ancienne crèmerie, une cuisine-laboratoire et une petite pièce qui avait dû servir de buanderie et de vestiaire. Le tout sur une cave voûtée. La jeune femme souligne toutes les possibilités offertes pour l'usage que nous souhaitons en faire. Elle précise que l'actuel propriétaire débarrassera tout le matériel : comptoir, caisse... Bien sûr, il restera la mosaïque blanche et le réfrigérateur carrelé. Elle m'explique brièvement que les crémiers n'exercent plus, c'est leur fils qui est chargé de la négociation. En commerçante avisée, elle se garde bien de parler de l'affaire, surtout à quelqu'un venant de Paris qui doit tout ignorer.

Devant mon silence, elle me propose de me laisser seule refaire le tour de la maison. Elle sort dans le jardin pour fumer une cigarette. Je quitte la véranda et traîne dans le salon. Les tapisseries qui ont dû être raffinées, sont jaunies et sales, les traces de poussière marquent les emplacements des cadres, des étagères et des meubles. J'éprouve un malaise à me trouver là, j'ai un sentiment de voyeurisme. Je n'ai qu'une hâte, en finir avec ce jeu équivoque. Je la rejoins dans le jardin, la remercie et lui dis qu'il y a trop de travaux à prévoir pour notre budget. Elle ne cherche pas à me convaincre du contraire, elle précise qu'elle a mes coordonnées, qu'elle m'appellera si elle « rentre » autre chose.

Pendant qu'elle ferme les persiennes, le voisin de l'autre jour m'aperçoit et me salue beaucoup plus courtoisement. Il me demande si j'ai un moment à lui accorder. Ma curiosité l'emporte sur l'a priori peu favorable éprouvé la première fois, et j'accepte de l'accompagner.

XII

Marcel Delors me précède et m'invite à entrer un moment. Je ne peux m'empêcher de remarquer la rectitude de cette maison, tout est symétrique. Des grilles de protection habillent les fenêtres et la porte d'entrée massive, peut-être blindée, confirme la méfiance des Delors. Il se présente :

- Je suis un ancien officier de marine et je n'irai pas par quatre chemins : j'ai compris que vous n'étiez pas intéressée par l'achat de cette maison mais plutôt par les événements qui s'y sont passés. Est-ce que je me trompe ?

Surprise par la soudaineté de cette question, je ne désire pas lui donner le plaisir d'avoir tout à fait raison . Je prends mon temps pour lui répondre :

- Je ne suis pas revenue dans ce quartier depuis des dizaines d'années. J'ai appris par hasard ce qui est arrivé. Mais je profite de mon passage à Bordeaux pour essayer de trouver un immeuble où mon mari pourrait transférer son cabinet médical.

L'officier n'a donc pas tout à fait raison, mais je dois me sentir quelque peu coupable d'avoir ainsi justifié ma visite avec la négociatrice. Il écoute à peine et reprend :

- Je vais vous expliquer ce qui est arrivé, car l'autre jour, vous avez dû me trouver bien impoli. Aujourd'hui je peux vous parler plus librement car ma femme s'est absentée. Quand elle est là nous n'abordons plus jamais ce drame. Elle en est encore très choquée.

Nous nous sommes assis dans le salon. La pièce est claire, sans doubles rideaux ; une bibliothèque de style anglais me fait face, les rayonnages remplis de livres reliés parfaitement alignés ; de nombreuses marines décorent les murs. Monsieur Delors me fixe de ses yeux verts, il porte une barbe grisonnante bien taillée que l'on remarque à peine.

- Monsieur et Madame Gaudy ont disparu il y a vingt ans. On vous a sans doute raconté cela. Ils étaient des amis très proches depuis plus de trente ans, date de leur installation dans ce quartier. Je dois vous avouer que moi aussi je reste traumatisé par cette disparition inexpliquée. D'autant plus choqué, que ce mystère nous a séparés de leur fils que nous aimions comme le nôtre. Nous avons eu le malheur de ne pas avoir d'enfant...

Il s'arrête un moment de parler. Il regrette

peut-être cette remarque qui n'a rien à voir avec la disparition. Il continue :
- C'est chez nous qu'il s'est installé pour préparer le CAPES de Lettres. Les horaires matinaux du commerce et le bruit le gênaient. J'ai été son témoin de mariage…

Bien avant cela, avec ses parents nous avons partagé tous les soucis et les joies, de la petite enfance à l'adolescence. Lors de la disparition nous avons été présents, nous l'avons aidé dans ses démarches, ses recherches. Il nous faisait confiance. Quand il a divorcé nous l'avons hébergé avant qu'il ne retrouve un équilibre et un nouvel appartement.

Monsieur Delors se tait. Puis, il soupire et reprend :
- Il est resté plusieurs semaines sans venir nous voir, sans téléphoner. Nous avons respecté ce silence malgré notre inquiètude. Nous avons laissé des messages sur son répondeur…

Les yeux verts baissés, l'homme regarde ses mains. Il poursuit à voix basse :
- C'est la police qui est venue nous interroger.

Comme pour excuser Jean, avant de poursuivre Monsieur Delors murmure presque :
- Sans doute était-il très perturbé, ou manipulé, ou dérangé… Il a fait courir le bruit que j'étais l'amant de sa mère.

Je me souviens de ce que Jean m'a raconté, et je me sens gênée. Moi aussi j'ai cru à cette culpabilité. Jean est-il un manipulateur ? L'attitude de l'homme en face de moi ressemble à celle d'un père dont le fils vient de commettre une énorme bêtise et qui reste abasourdi, et non pas à celle d'un homme coupable

- Aujoud'hui encore, dit-il, je suis ulcéré, douloureux, inquiet, car ce ne fut pas chose facile de convaincre la police du contraire de ce qu'affirmait Jean. Je pouvais être soupçonné de crime passionnel, d'un double meurtre. Mon épouse eut des doutes. D'ailleurs je ne suis pas sûr que vingt ans après, elle n'en soit pas encore persuadée.

Je l'arrête :

- Vous n'avez pas cherché à vous en expliquer avec lui ?

- Bien sûr, mais il me fuyait. Enfin j'ai réussi à l'aborder. Je voulais connaître les raisons et les preuves qu'il avait d'affirmer une telle chose. Il évoqua des souvenirs qui remontaient à sa petite enfance. J'étais anéanti. Je n'ai pas réussi à le convaincre.

Je sens mon interlocuteur stressé à propos de cette évocation. J'aimerais en rester là, mais déjà, il poursuit.

- J'ai sans doute évoqué bien des raisons pour lui prouver mon innocence, mais la plus importante à mes yeux était mon amitié pour Lucien, croyez-moi, je n'aurais jamais voulu trahir un homme tel que lui. Lucien était la droiture même, un homme vaillant, serviable. Autodidacte cultivé, c'était un humaniste. Il était devenu Franc-Maçon très jeune, son travail au sein de cette fraternité lui avait permis d'atteindre un grade élevé.

Je pense que c'est là qu'il a pris le goût de

s'enrichir intellectuellement. Malgré son travail d'artisan, très dur et fatigant, il n'hésitait pas à se battre pour toutes les causes justes. Il avait même trouvé le temps d'être visiteur de prisons. Ce n'est pas lui qui m'a parlé de la Franc-Maçonnerie, il était trop secret. C'est par l'indiscrétion d'un autre membre que je l'ai appris. Par la suite nous échangions très librement sur ce sujet.

Marcel Delors semble vouloir me convaincre, son ton et son attitude ont une sincérité touchante. J'ai du mal à l'arrêter. Je ne peux m'empêcher de l'interroger sur Madame Gaudy.

- Edith était une belle femme, plus pragmatique que Lucien. C'est sans aucun doute grâce à sa bonne gestion, à son esprit d'entreprise, à son ambition aussi, que leur affaire a autant prospéré. Elégante, elle aimait l'argent pour tous les plaisirs qu'elle pouvait s'offrir. Elle pouvait être coquette, mais elle aimait son mari, ils formaient un couple uni malgré la différence de leurs aspirations. Ils adoraient leur fils, et je ne peux pas croire qu'ils se soient expatriés, par exemple, sans l'avoir informé.

Toutes ces années... Je me demande si je n'espère pas encore !

La pièce est devenue sombre. Monsieur Delors réalise qu'il est tard, il s'excuse de m'entretenir sur cette affaire qui ne m'intéresse peut-être pas du tout. Je lui avoue alors ma curiosité pour ce drame. Je lui explique que j'ai connu Jean quand nous étions lycéens. Tout à coup il me semble qu'il a hâte que je m'en aille. Il s'est levé et me propose un autre rendez-vous pour le surlendemain. Il me raccompagne à la porte en me disant :

- J'ai encore des choses à vous raconter. Si vous le souhaitez, bien sûr.

XIII

Je retourne à mon hôtel pensive et préoccupée. François a raison, je devrais laisser tomber et ne pas perturber ces gens en réveillant de vieilles blessures. Je suis perplexe aussi. Qui croire ? Delors a parlé d'Edith en disant que c'était une belle jeune femme... Il a dit je crois « provocante » ou plutôt « coquette », il a très bien pu succomber à son charme, et dans ce cas Jean avait vu juste. Pourquoi Jean s'est-il éloigné subitement de ce couple ami ?

J'en suis là de mes reflexions quand Madame Bélussière m'accueille. Elle me dit que Jean Gaudy a téléphoné, il doit me rappeler dans la soirée. Elle scrute ma réaction et demande :

- Vous connaissez leur fils ? Je comprends pourquoi cette affaire vous intéresse. Cela a dû bien vous toucher ?

Sans attendre de réponse, elle continue :
- Dans le quartier tout le monde a été bouleversé. Les absents demeurent toujours dans les mémoires, surtout lorsqu'ils disparaissent sans la moindre explication, ils sont sûrs de ne jamais être oubliés. Mon mari a été tout particulièrement touché. Ils faisaient partie d'une même association, philosophique et philantropique où Monsieur Gaudy était très estimé.

Je ne veux pas gêner cette dame en lui disant être au courant. Je lui dis simplement que l'après midi, je me suis entretenue longuement avec Monsieur Delors... Elle m'interrompt :
- Alors vous savez de quelle association il s'agit. Mon mari est décédé, sinon je ne vous en aurais pas parlé. Je sais que leur voisin est beaucoup moins scrupuleux que moi sur la discrétion obligée. Ce que je peux vous dire, c'est que quelques semaines avant la disparition du couple, Lucien avait fait un travail remarquable sur la mort, le départ vers l'Orient Eternel comme dit leur tradition. Mon mari qui était secret quant à leurs travaux, s'en était ouvert, il m'avait dit combien son ami avait travaillé à fond ce sujet. Il les avait tous émus. Ce n'est peut-être qu'une coïncidence, mais quand le drame est arrivé, mon mari a dit : « Il a su trouver son chemin. » Il n'en a plus jamais reparlé. Voilà, je ne sais rien de plus.

Je me demande de quel chemin son mari a voulu parler, suicide sans aucun doute.

Madame Bélussière reprend :
- Monsieur Delors était leur ami, ils se voyaient régulièrement. Quant à Jean que nous avons connu tout jeune - j'ai un fils du même âge - il est assez énigmatique. Ce matin il m'a parlé longuement, à d'autres moments il pourra passer à côté de vous sans vous saluer. Il a dérouté bien des gens quand ce drame est arrivé.

En effet, j'éprouve les mêmes sentiments. Lors de notre premier entretien, Jean s'est montré enthousiaste de me revoir, presque oublieux de son drame. Ensuite, il l'évoquait sans cesse. Plus tard, il est devenu très confiant, puis taciturne, et enfin presque méfiant. Je me sens inquiète à son sujet.

Je pense aussi que chacun a sa parcelle de vérité selon les relations établies avec ce couple. Un ami comme Monsieur Delors exclut toute fin tragique, il va sans doute en dire plus le lendemain. Madame Bélussière, relation plus distante, penche pour le suicide. Jean a évoqué quelque affaire crapuleuse qui ne correspond pas à ce que j'ai appris de son père. La police a dû faire un travail d'investigation sérieux, confidentiel puisqu'il s'agit de disparition de personnes majeures, mais comme dans bien des cas, rien n'a été élucidé... Pour ma part, je ne peux rien penser, je veux simplement rassembler toutes les hypothèses évoquées à ce sujet, essayer de me faire ma propre opinion.

Madame Bélussière me quitte sans ajouter autre chose, mais je perçois dans nos regards une même compréhension concernant le fils des crémiers, comme une connivence pour ce qu'elle m'a confié à propos de son mari.

Elle a connu Jean. Il était un camarade de son fils. Elle l'a qualifié d'énigmatique. Je comprends ce jugement. Ses confidences m'ont permis de mieux le cerner. Jean était enfant unique, choyé, couvé, je pense même surprotégé, ce qui l'avait rendu peu autonome et craintif. Cette responsabilité d'enfant unique lui conférait une charge qui le fragilisait, il n'arrivait pas à s'en défaire. C'est peut-être ce poids qui lui donnait cet air sérieux et cette allure vieillotte.

Il m'avait parlé de ses angoisses de mort, il redoutait de perdre ses parents, et comme il n'osait pas en parler, sa gorge se serrait et le faisait souffrir. On le soignait avec des gargarismes ou des collutoires au bleu de méthylène, mais ses douleurs persistaient. Il avait droit à des compresses chaudes de Synthol. Les médecins consultés ne voyaient rien. Je crois qu'il en a gardé ses enrouements répétés que j'avais reconnus lors de nos retrouvailles.

Ses réussites scolaires faisaient de lui l'enfant roi sur lequel reposait des espoirs démesurés. Il ne m'avait pas caché à quel point il adorait sa mère dont il admirait la beauté. J'ai même été surprise quand il m'a confié combien il raffolait de son parfum au nom oriental. Il lui arrivait d'aller se cacher dans sa penderie pour s'en imprégner. Il m'avait raconté une autre anecdote dont il était assez fier pour justifier son admiration : un élève, d'une classe supérieure, l'avait aperçu devant le lycée avec elle, pensant que c'était sa sœur, le potache lui avait dit « si elle veut sortir avec moi, je suis tout à fait d'accord ». C'est avec orgueil que Jean avait rétorqué : « mais, c'est ma mère ! »

Pensant s'émanciper par le mariage, il avait fui le giron familial. Pas un véritable éloignement, puisqu'il habitait quais des Chartrons, dans un appartement de ses beaux parents. Il avait évoqué aussi l'affection des Delors qui le considéraient un peu comme leur enfant. C'est ainsi avait-il conclu, que je suis devenu un homme sans consistance. J'ai toujours la voix qui s'étrangle à la moindre émotion, et crois-moi, cela n'est pas près de se terminer. J'attends, j'espère, je pense toujours à eux. C'est affreux d'affirmer que j'aimerais mieux les savoir morts, que vivre cette attente sans fin, inexpliquée et persistante. Chaque appel me fait sursauter et m'étreint.

XIV

Une fois de plus, lors de notre coup de fil quotidien, mon mari m'a demandé avec plus d'insistance de laisser tomber cette quête. J'ai promis d'aller voir Agnès. Il trouve que c'est une bonne idée, je le sens rassuré.

Je suis heureuse moi aussi de retrouver mon amie. Agnès est restée toujours aussi plantureuse, joviale, et sportive. Elle aime « son boulot » comme elle dit, de professeur de mathémathiques dans un collège. Mariée aussitôt après son CAPES, elle a divorcé dix ans plus tard sans avoir d'enfant. Elle est très attachée à notre fille, et Élise le lui rend bien.

J'aime beaucoup ses parents qui me recevaient à Caudéran où l'on révisait tous nos examens et aussi, pour de courts séjours, à Andernos où ils possédaient un petit pied-à-terre. C'est d'ailleurs là qu'ils se sont retirés, à la retraite. Monsieur Grenier était officier de police... peut-être commissaire en fin de carrière ?

Dans l'autobus qui me conduit chez Agnès, je songe à tous nos bons moments, à cette amitié durable, à son aide précieuse quand ma mère est tombée malade. C'est toujours avec exubérance qu'elle m'accueille. Sa maison est à son image, largement ouverte sur un minuscule jardin : des rosiers à profusion, des plantes vivaces qui font oublier l'approche de l'hiver, des chrysanthèmes jaunes à petites fleurs qui s'épanouissent en désordre dans un bac en bois. J'aime le laisser-aller de sa véranda, des rayonnages remplis de livres et revues, des canapés usés où des coussins douillets comblent les creux...

Agnès est aussi bonne cuisinière que matheuse. Elle nous a concocté un dîner raffiné. Comme autrefois, nous sommes installées par terre sur des coussins, la tête appuyée sur les canapés, la table basse à notre portée, pour siroter la liqueur d'orange dont elle a le secret. Nous sommes heureuses de nous retrouver pour parler après un an d'absence. En apprenant que je suis là depuis plusieurs jours, elle me reproche de ne pas être venue la voir plus tôt et d'être descendue à l'hôtel.

Depuis que je suis arrivée chez Agnès, je n'ai pas songé un instant à l'affaire mais le rappel de mon hôtel m'y replonge de nouveau... et j'ai brusquement envie de lui en parler.

- Tu te souviens de Jean Gaudy avec qui j'étais

sortie...
- Ne me dis pas que tu l'as revu ? Tu sais ce qui est arrivé à ses parents ?

Voilà, je suis à nouveau confrontée à cette histoire. Agnès écoute avec patience le récit de mes investigations. A la fin, elle m'interroge et s'étonne. Elle voudrait comprendre mon intérêt quelque peu morbide pour les disparus.
- As-tu songé toi aussi, un jour...
La sonnerie du téléphone au bout du couloir interrompt sa question.
- Excuse-moi, c'est sûrement ma mère. C'est son heure... Sers-toi de la liqueur. J'en ai pour un petit moment.

Agnès s'en va dans le bureau. J'entends des bribes de leur conversation animée et joyeuse. Je contemple la liqueur ambrée qui glisse lentement sur les parois du verre. Je me pose moi aussi la question de cet attrait pour les disparitions. Aujourd'hui, j'ai presque honte de m'introduire ainsi dans la vie de ces personnes sans y avoir été invitée.

Le sirop d'orange me rappelle celui que Mémée Fallière préparait. Enfant, elle me gardait quand mes parents travaillaient. Tout me revient en mémoire : sa petite échoppe face à la nôtre, sa crinière de cheveux blancs, ses yeux rieurs, ses dents tellement blanches et régulières (aujourd'hui je suis sûre qu'elle avait un dentier !), sa main ridée qui tenait la mienne, son alliance plate trop large, qu'elle réajustait... Je fais jouer la mienne en songeant à cette grand-mère de substitution que j'aimais tant. Je me demande pourquoi ce souvenir s'impose à moi ce soir avec tant de force. C'est la première disparition douloureuse dont j'ai pris conscience quand nous l'avons accompagnée au cimetière de la Chartreuse auprès d'Alphonse son époux dont elle me parlait souvent.

Disparition, départ, mort... autant de séparations que je n'accepte pas. Autant de sujets douloureux restés sans réponse... Je me souviens aussi combien j'étais à l'affût, à l'écoute des adultes quand ils évoquaient « untel » qui avait « perdu son mari, son oncle... » Je prenais sans doute cette expression au premier degré, je bâtissais déjà des histoires de perte, de disparition, mais toutes mes hypothèses se terminaient bien.

En songeant à cela, je pense à ma famille et à ses drames. Pendant la guerre de 1914, le frère aîné de maman s'était engagé comme marin. Son équipage s'embarqua pour la mer du Nord. Un jour, Angélina, la grand-mère que je n'ai jamais connue, lut en première page du quotidien local, le naufrage de l'« Amiral Courbet ». C'était celui de son fils. Il fut porté disparu. Angélina mourut quelques années plus tard. Ma mère avait alors seize ans. Je revois son regard attristé à cette évocation.

J'entends de façon lointaine les échanges entre Agnès et sa mère. Je me laisse aller à d'autres souvenirs difficiles. C'est maintenant le secret de famille de mon père. Il était né de père inconnu. Véritable opprobre à cette époque. Aussi ne parlait-il jamais de sa mère, seulement de sa grand-mère qui l'avait élevé. Qu'était devenue sa mère, où vivait-elle ? Aujourd'hui, plus personne pour répondre à mes interrogations.

Ces douleurs mal cicatrisées de l'enfance justifient-elles ma curiosité ? C'est un peu une quête impossible, le regret de ne pas avoir parlé. J'étais une fille soumise ou trop pudique, je ne me sentais pas le droit d'interroger mes parents sur des questions intimes ou sensibles. Alors je me suis tue.

La voix d'Agnès me ramène à la réalité, je ne l'ai pas entendue s'approcher, elle me fait sursauter :

- Ma mère t'embrasse. Elle aimerait que tu m'accompagnes demain à Andernos.

J'accepte tout de suite avec plaisir.

- Et puis tu sais, ajoute mon amie, mon père s'est occupé de l'affaire qui t'intéresse. Il se fera un plaisir de t'en parler.

La nuit est venue. Nous quittons la véranda pour aller nous coucher quand mon portable sonne. C'est Jean, il souhaite me rencontrer. Je comprends à sa voix, qu'il est tendu. Il est tard, je lui propose de nous rappeler dans deux jours car le lendemain je serai absente.

Je suis heureuse de saisir l'occasion de rencontrer des gens sans histoire, des personnes que j'aime, et de mettre une distance entre ce coup de téléphone pressant. Notre prochaine entrevue sera sans doute la dernière. Je prévois de regagner Paris dans trois jours.

XV

J'ai repoussé mon rendez-vous avec Monsieur Delors, de même que la conversation téléphonique avec Jean. J'ai hâte de retrouver les parents d'Agnès. Je me sens comme libérée.

La petite station balnéaire a bien changé, je la trouve tellement agrandie ! Les carrefours sont équipés de feux de croisement, deux rues piétonnes donnent accès directement au Bassin, avec une grande esplanade dallée vers la jetée où nous nous embarquions pour Arcachon... La moindre petite maison de pêcheur a été retapée, agrandie ou surélevée, mise en valeur par des couleurs claires tout en gardant le style du pays : surélévation du toit pointu en chien-assis, et piliers métalliques qui soutiennent la véranda, aujourd'hui vitrée, pour ajouter au confort. Je retrouve avec plaisir l'odeur du varech et la même luminosité d'une pureté tellement nette, qu'elle permet de découvrir la masse blanche de la dune du Pyla. La mer est d'un vert sombre, rayée de vaguelettes argentées. Je suis étonnée du nombre de voiliers à l'ancre qui se balancent mollement. Le courant descendant les oriente tous dans la même direction, la proue vers l'océan tout proche. Il y a toujours des pinasses et des plates ! Typiques du bassin, leur faible tirant d'eau les autorise à se jouer des marées et des chenaux.

Je ne reconnais plus la maison de mes amis tant ils l'ont embellie et agrandie. Peinte en blanc, garnie de céramiques bleues où s'épanouissent des lauriers roses. Je lui trouve un petit air marocain avec les tables rondes qui soutiennent des plateaux de cuivre, rapportés sans doute d'un voyage là-bas. L'ensemble n'est ni vulgaire ni vieillot, parsemé de coussins turquoise posés sur les canapés et les fauteuils en rotin blanc. La villa est dans un ordre parfait. Dans le grand jardin, ils ont aménagé un petit pavillon réservé à leur fille. Celui-ci est loué l'été car Agnès déteste Andernos pendant la période estivale qu'elle trouve trop bruyante.

Les parents m'accueillent avec tendresse. Nous nous installons sur la terrasse. Nous échangeons les nouvelles des uns et des autres. Je les trouve inchangés, toujours aussi dynamiques et chaleureux. Je ne peux m'empêcher de penser à ma mère. Elle aurait eu leur âge. Ils n'ont pas oublié que j'écris des livres pour enfants. Agnès saute sur l'occasion

et s'exclame en riant :
- Vous ne savez pas, maintenant elle va écrire un roman policier. Elle est à Bordeaux et mène une enquête.

Les Grenier me regardent, étonnés. Je leur explique comment j'ai découvert par hasard que les parents d'un ami de lycée avaient disparu. Monsieur Grenier m'interrompt tout de suite :
- Ce sont les fromagers de la rue Capdeville. C'était en 1989, j'étais alors au service financier, j'étais chargé à l'époque, d'enquêter sur une escroquerie avec une société africaine. Leur fils nous avait remis une lettre qui émanait d'une soi-disant banque de ce continent. Mais eux n'avaient trempé en rien dans cette affaire. C'étaient des gens très honnêtes.

Agnès interrompt son père :
- Je propose que maman et moi allions installer les rideaux dans ma maison. Nous vous laissons tous les deux évoquer cette affaire. A l'époque nous en avons beaucoup entendu parler.

Je reste donc avec le père d'Agnès, tout heureux de me donner sa version des faits et son intime conviction. Des nuages ont obscurci le ciel, Monsieur Grenier se lève pour soulever les stores, il précise ce que j'ai entendu maintes fois : « C'est à cause de la marée ». Puis il s'installe en face de moi.

XVI

De retour d'Andernos, comme promis, je rappelle Jean. Je comprends à sa voix qu'il est tendu, comme le premier jour. Sans préambule il s'étonne que j'aie souhaité visiter la maison de ses parents sans lui en avoir parlé, il enchaîne, agressif :
- Tu es bien comme tous les autres, avide de sensationnel. Je suis très déçu.

Je l'interromps brusquement :
- Ne crois pas cela ; c'est vrai, j'aurais dû t'appeler, mais j'ai eu le rendez-vous très vite, j'ai d'ailleurs failli être en retard, je souhaitais être une cliente comme les autres, je pensais que tu n'aurais pas eu envie de faire cette visite là-bas, avec moi.
- Mais pourquoi cette visite ?

Je mens une nouvelle fois.
- J'ai eu un coup de fil de mon mari qui a émis

l'idée d'un transfert de son cabinet à Bordeaux, et peut-être cet immeuble ...
- Bon, admettons, mais Madame Tribois, la négociatrice, m'a dit que Monsieur Delors t'avait parlé ?
- C'est vrai. Comme je partais, il a souhaité me rencontrer. Il m'avait vue lundi dernier et il ne s'était pas montré très aimable. Je pense qu'il voulait se rattraper.
- Marie, sa femme, était là ?
- Non, il était seul. Je crois qu'il est toujours bouleversé par la disparition de tes parents.
- C'est ce qu'il dit... En réalité il se sent coupable.

Je ne veux pas entreprendre une discussion sur les soupçons d'adultère que tous deux ont évoqués. Je garde le silence, puis j'ajoute :
- Je crois surtout qu'ils sont malheureux de ne plus te voir.
- Arrête. Ce qui le ronge, c'est de penser que ma mère le trompait lui aussi, qu'elle est peut-être partie avec un autre.

Jean s'étrangle en disant cela, il crie au téléphone. Je réussis à interrompre son flot de paroles :
- Veux-tu que nous nous retrouvions au Noailles ? Tu sais, la brasserie près du Grand Théatre, je pourrai m'y rendre à pied. Nous serons plus au calme pour parler.

Il accepte. Comme je le pensais il ne m'a pas tout dit.

Après avoir pris une douche, j'appelle François. Il répond très vite. J'ai l'impression qu'il attendait mon coup de fil ...
- J'ai essayé de t'appeler mais tu étais en ligne.

- C'était Jean Gaudy. Il était furieux que j'aie rencontré Delors, et que je sois allée visiter son immeuble.
- Ecoute, je trouve cet homme perturbé, je voudrais que tu sois prudente. De toutes façons tu ne résoudras pas l'énigme...

Nous nous taisons, puis il reprend :
- Par contre, ton idée de nous faire quitter Paris n'est pas aussi folle... affaire à suivre. J'ai hâte que tu rentres.

Pour changer de sujet, je raconte ma visite aux Grenier
- Tu n'imagines pas comme Andernos a changé, c'est une station balnéaire cossue. Les villas sont modernisées et agrandies. Beaucoup de Bordelais y résident et vont travailler tous les jours dans l'agglomération. Les Grenier ont eux-mêmes une villa confortable où ils vivent à longueur d'année. Ils sont toujours aussi accueillants.
- Au moins ça t'a changé les idées.

Je ne réponds pas tout de suite. Je murmure :
- Pas tellement car Monsieur Grenier a bien connu « l'affaire », il était alors au service financier.

François m'interrompt :
- Décidement tout te ramène aux Gaudy ! C'est à croire que ton voyage était programmé dans ce

seul but.
- Pas du tout. Je ne voulais même pas en parler. C'est Agnès qui l'a évoqué. Son père a la même impression que toi à propos de Jean, il avait été surpris de ses réactions. Avec ses collègues ils avaient conclu à sa fragilité émotionnelle mais non à sa culpabilité.
- Parce qu'il y a eu une enquête ?
- Oui, c'est ce que Monsieur Grenier m'a expliqué. Bien qu'il s'agisse de personnes majeures disparues il n'y avait pas de raison d'intervenir, surtout sans cadavre. Lui-même avait été chargé d'une enquête financière internationale, à laquelle le crémier aurait pu être mêlé, ce qui n'était pas le cas. C'est ainsi qu'ils avaient dû interroger leur fils, et même éplucher son emploi du temps, avant et après la disparition.
- L'enquête s'est donc arrêtée là ?
- Non, ils ont vérifié l'emploi du temps de toutes les relations de Monsieur Gaudy dans le cadre de son engagement maçonnique et de son bénévolat comme visiteur de prison. Tout cela n'a rien donné et est resté confidentiel. Monsieur Grenier m'a avoué qu'il pensait souvent à cette énigme et n'aimerait pas mourir sans en connaître le dénouement, mais qu'il y avait bien peu de chance. Je me suis aperçue aussi que la police n'était intervenue qu'une semaine après la découverte de la disparition. Comme je te le disais, il s'agit de personnes majeures. La police n'a pas de mandat pour se charger d'une telle affaire. C'est peut-être une

des raisons de leur échec. Tout indice avait disparu, d'autant plus que leur femme de ménage Émilienne, s'était employée à tout ranger, on peut dire tout effacer, et ceci dès les premières heures.

- Je vois que tu as bien avancé dans tes investigations. Mais tu perds ton temps et puis tu oublies que je t'attends.

- Je sais. Encore une nuit et une longue journée et je serai dans tes bras.

Nous parlons encore longuement de cette journée avec mon amie et ses parents. François est heureux de la perspective qu'Agnès vienne nous voir à Paris.

Il insiste :

- Hélas, il faut bien que je te laisse, je n'oublie pas ton rendez-vous, je sens que je vais mal dormir.

Nous nous quittons en nous promettant mille tendresses dès mon retour.

XVII

Jean a réservé une table d'angle assez à l'écart. Il se lève pour m'accueillir et me fait asseoir sur la banquette en face de lui. Il s'excuse pour la brusquerie avec laquelle il m'a répondu un moment plus tôt. La soirée se déroule calmement, plus paisiblement que je ne l'ai craint.

De retour dans ma chambre je pense encore à ses révélations sur sa mère. Il n'y a pas que l'épisode avec leur voisin qui l'a troublé. Beaucoup plus tôt il a saisi, interprété sans vouloir l'admettre, que sa mère était une femme provocante, qui aimait séduire. Depuis la disparition, des détails lui reviennent en mémoire.

La mémoire, comme dans un disque dur stocke, enregistre, emmagasine, puis à l'occasion d'un choc, d'un mot, d'une maison, elle restitue des événements, des situations oubliées.

Depuis le drame, Jean a dû cliquer des centaines ou des milliers de fois sur cette icône cérébrale et des pans entiers de sa petite enfance, de son adolescence sont apparus, en relation avec sa mère. Il me les a livrés d'une voix monocorde. Je ne l'ai pas interrompu.

Il m'a rappelé une sortie où nous allions au cinéma voir « L'année dernière à Marienbad », il était en retard car il avait oublié son parapluie. Revenu chez lui, il passa par le magasin. Son père se reposait à l'étage. L'apprenti devait ranger et nettoyer le laboratoire. Ce garçon devait être un peu plus âgé que nous. Il était grand, dégingandé, blond, quelque peu efféminé, toujours en train de siffloter. De « bon commandement » disait son père. Jean crut l'apercevoir dans les bras de sa mère. Quand elle vit son fils, elle transforma l'étreinte en un geste amical pour arranger le tablier qui enveloppait la taille menue du garçon. Elle l'admonesta, lui reprochant cette tenue négligée. L'apprenti était rouge, Jean prit cela pour de la confusion. Ce n'est qu'au cinéma qu'il se sentit mal à l'aise. Puis son intêret pour le film l'aida à oublier l'incident.

Une autre fois, il surprit sa mère au guichet de la Poste restante. Elle lui donna une raison qu'il crut volontiers. Aujourd'hui, il a le sentiment que sa mère mentait. Elle donnait trop d'explications pour justifier une sortie naturelle.

Plus encore que l'énigme de cette disparition, Jean veut comprendre les véritables sentiments unissant ses parents. Il se reproche amèrement leur méconnaissance. Il a toujours vécu en enfant gâté, préoccupé de sa réussite et de son bien-être. Il regrette son indifférence à l'égard de son père. Il lui en veut de cette vie bien remplie mais trop laborieuse, à son goût.

Il se souvient d'un homme que son père visitait en prison. Un soir, il l'invita à dîner, pour fêter le contrat de travail décroché chez un menuisier, ami de leur famille. L'homme sortait de cinq ans de réclusion. Il était jeune, d'origine italienne. Le repas fut particulièrement gai et sa mère particulièrement belle. Jean s'interroge en vain aujourd'hui « qu'est devenu cet homme ? »

Je pense à ce que Monsieur Grenier m'a confié et qui l'innocente, mais je ne dis rien.

Toutes ces évocations, les souvenirs de cette enfance choyée, protégée, culpabilisent Jean. Il a un avis tranché sur la sévérité de son père qui n'aimait que son travail, il lui semble qu'il ne pensait qu'à lui... puis, plus tard il s'était absorbé dans ses recherches intellectuelles pour les réunions du jeudi. Il lui en veut aussi de sa générosité à l'égard des personnes qu'il visitait parfois, même le dimanche, au lieu de privilégier une sortie en famille. La frivolité de sa mère ne se trouvait-elle pas ainsi justifiée ? Il lui semble avoir été injuste à son égard, elle, qui gérait, administrait parfaitement l'entreprise familiale, elle, qui savait si bien établir des contacts avec la clientèle, les fournisseurs.

Une fois encore il ne se pardonne pas son mutisme, semblable à celui de son père, qui est peut-être la cause du délabrement de leurs rapports, et indirectement la cause de leur disparition. Jean a beaucoup de difficultés à se remémorer le dernier entretien avec son père. Il se souvient être passé en coup de vent, comme souvent depuis qu'il connaissait Marianne. Il lui semble que son père s'était plaint de souffrir d'essoufflement. Distraitement il a dû lui demander s'il avait consulté. Il ne se souvient pas de sa réponse. Au mois de décembre qui a suivi le drame, Jean a rencontré leur médecin de famille pour lui poser la question. Celui-ci lui confirma que son père avait pris rendez-vous mais il n'était pas venu, ce qui l'avait étonné car Gaudy, comme il l'appelait, était un homme de parole.

Il avait noté dans son dossier, lors d'une précédente consultation, qu'il souffrait d'hypotension. Tous deux avaient beaucoup parlé de son âge, de sa vulnérabilité. Le Docteur Dufaure le connaissait depuis dix ans, il dit à Jean : « c'était un homme bien, je ne l'ai pas vu souvent car il était dur au mal, mais les dernières années, il se fatiguait beaucoup plus vite, et cela le préoccupait. »

Cette soirée me laisse une impression étrange, j'ai laissé Jean s'exprimer sans intervenir, comment aurais-je pu le faire ? Je ne peux lui apporter un quelconque éclairage, je ne connaissais pas ses parents. J'aurais pu le rassurer à propos de toute sa culpabilité, mais de quel droit ? Moi aussi, j'ai connu ces sentiments, après la mort des miens.

Je me revois découvrant dans une petite valise en carton rouge, des lettres d'une vieille amie de la famille. Elle exprimait sa compréhension face à leur impossibilité d'accueillir des Juifs. Elle s'excusait presque de le leur avoir demandé, sachant l'engagement de mon père dans la Franc-Maçonnerie et les risques qu'il encourait déjà à ce sujet. Je fis tout de suite le rapprochement avec son limogeage de la fonction publique, puis sa réintégration après la guerre. Tout ce pan de leur vie m'était resté inconnu. Comme je le déplore maintenant !

Je pense de nouveau à Jean, à son attente, son espoir de retrouver les corps. C'est triste mais je le comprends, il a évoqué des disparus célèbres : Alain Colas dont on n'a jamais retrouvé ni le corps ni l'épave de son bateau et dont sa famille espère toujours après tant d'années. Dieuleveut disparu, lui aussi, dans le Zambèze sans aucune trace, rien, la disparition, c'est tout, son fils parti sur ses pas a refait une enquête, sa femme espère encore... Il réfléchit souvent à tout cela. Mais lui ? Aucun indice, aucune direction où s'aventurer, l'attente c'est tout.

Il a même évoqué ses parents, des gens tellement simples et si peu aventureux. Il se souvient... Les rares fois où ils sont partis en vacances dans le Massif Central, toutes les précautions qu'ils avaient prises : l'auto méticuleusement révisée, les listes pour ne rien oublier, les adresses en cas d'urgence, les clés confiées aux voisins pour vider la boîte aux lettres, et tant d'autres méticulosités... Il les critique alors en les traitant de timorés... Non, ils n'avaient rien d'aventuriers.

Dans peu de temps je vais regagner Paris, il retombera dans un silence pesant qui fera croire à de l'indifférence. Nous nous sommes quittés sans grande effusion. Il me semble plus abattu qu'après notre dernière rencontre. Je me suis bien gardée de lui parler de mon rendez-vous avec Monsieur Delors pour le lendemain.

XVIII

C'est ma dernière journée à Bordeaux, et ce rendez-vous va clore mes investigations, ou plutôt ma curiosité sur la disparition. Il fait un temps splendide, je me sens bien, j'ai pu régler les questions en suspens pour les travaux avec les artisans. Je suis heureuse de mes projets.

Comme prévu, j'attends Marcel Delors à la Brasserie de France où nous nous sommes donné rendez-vous. Je le vois arriver et j'ai quelque difficulté à le reconnaître : élégant dans un costume deux pièces de style anglais, pantalon écossais et veston uni dans les mêmes tons, casquette verte. Il accroche son duffle-coat à une patère près du billard. Je me demande s'il est un habitué des lieux et de ce sport. Il me semble plus grand et plus élancé que l'autre jour. Il s'incline pour me saluer et s'excuser de son léger retard : il a dû accompagner son épouse à la gare. Elle va chez de vieux parents retirés à Arcachon, elle sera absente deux jours. Marcel Delors me regarde maintenant avec bienveillance, il n'a plus cet air sournois du premier jour. Il me confie que depuis notre première rencontre il a l'impression de me connaître. Je lui explique mes relations avec Jean quand nous étions au lycée, cela remonte à plus de trente ans.

- Ah ! S'exclame-t-il, voilà pourquoi j'ai eu dès le début l'impression de vous connaître. Vous êtes la petite jeune fille dont Édith Gaudy m'avait tant parlé. Vous avez fréquenté Jean quand il était en terminale ?

J'incline la tête pour le lui confirmer. Il poursuit :

- Édith s'était réjouie que son fils ait enfin une petite amie. D'après elle, Jean était trop solitaire, toujours plongé dans ses bouquins, elle espérait le voir sortir un peu plus. Quand elle vous a aperçue... ne soyez pas choquée, elle a été déçue. Elle nous a dit : « Cette petite a l'air aussi timide que notre fils, ce n'est pas la fille qu'il lui fallait ». Si elle avait dit ça à son mari il l'aurait bien vite fait taire. Il aurait bougonné : « Ça ne te regarde pas. Tu n'as pas à juger, tu ne la connais même pas. » C'était aussi notre avis.

Elle vous avait aperçue plusieurs fois quand vous attendiez Jean. Elle avait ajouté : « Trop sage, ils ne vont parler que de littérature, échanger des livres et des poèmes, j'ai d'ailleurs trouvé une boite pleine de petits mots qu'ils s'adressent. Observez-là, elle vient tous les jeudis, vous me direz ce que vous en pensez » Vous voyez comme la vie sentimentale de son fils la préoccupait.

Je me souviens en effet de vous : une brunette avec des couettes, jupe plissée, socquettes blanches... une jeune fille de son époque. Nous nous étions disputés avec Édith à votre sujet.

Je souris car je n'avais jamais eu la moindre idée de l'importance qu'ils attachaient à ma petite personne. Je ne m'étais jamais sentie jugée, observée, et finalement décriée.

- Je ne vous vexe pas au moins ? demande mon interlocuteur.

Nous nous mettons franchement à rire, je lui réponds :

- Il y a prescription, vous ne croyez pas ?

Où Monsieur Delors veut-il en venir en me racontant cela ?

Comme s'il lisait dans mes pensées il continue :

- Je vous raconte cela pour vous situer Édith, elle était comme ça, extravertie, alors que son mari était la discrétion même. Elle était autoritaire et aurait voulu organiser jusqu'à la vie sentimentale de son fils. Jean était plutôt comme son père. C'est peut-être pour cela qu'il admirait tant sa mère. Je crois qu'il ne s'est jamais rendu compte de ses écarts de conduite. C'est de cela dont je voulais vous parler.

J'interromps Delors, je ne me sens pas autorisée à recevoir de nouvelles confidences, je

regrette presque d'avoir accepté ce rendez-vous, je lui dis :
- Pourquoi dévoiler des choses aussi intimes ? Ce sont des secrets qui vous appartiennent en quelque sorte. Le mystère demeure, ces vieilles histoires n'y ajouteront rien.
- Madame, vous oubliez ce que je vous ai dit, Jean m'a mis en cause, en plus il a dû vous en parler, alors j'ai besoin de me justifier. Vous devez vous faire votre propre idée.

Il marque une pause, commande deux autres cafés. Nous gardons le silence. Le garçon vient nous servir puis s'éloigne. Delors reprend :
- Je ne vous mentirai pas. J'ai été sensible aux charmes d'Edith...(il n'en dira pas plus) mais j'ai rapidement découvert ses petits mensonges. Lucien adorait sa femme et lui faisait une confiance aveugle. Il l'a peut-être trop négligée au profit de ses occupations philosophiques et philanthropiques. C'était une femme sensuelle, cela se voyait au premier regard : une poitrine généreuse, une taille fine qu'elle soulignait toujours par de larges ceintures. Elle portait bien la toilette, elle savait se mettre en valeur, je ne l'ai jamais vue négligée. Tôt le matin maquillée, ses lèvres charnues bien dessinées, ses grands yeux noirs à la fois malicieux et sévères. Une peau fine et blanche qu'elle soignait comme le reste de son corps.

À la façon dont Delors parle de cette femme on sent combien il l'aimait et l'admirait. Il comprend qu'il vient de me faire un demi-aveu, il boit lentement son café, et ajoute :

- Nous en parlions souvent avec mon épouse qui était son amie. Un jour, je me trouvais en ville, et j'ai surpris Édith avec un représentant de commerce que j'avais vu à la crémerie. Je regardais la devanture d'une bijouterie et je les ai aperçus, sans qu'ils me voient, ils étaient assis face à un présentoir de bijoux. L'homme la tenait par la taille, ils se souriaient. Il n'y avait aucun doute possible. Dès ce jour, ma confiance et sans doute mon admiration ont été très ébranlées. Je ne la voyais plus avec le même regard.

J'écoute cet homme attristé et je me demande si Jean n'a pas raison.

- Par la suite, enchaîne-t-il, j'ai eu la certitude qu'elle avait de multiples aventures et toujours son désir de plaire. Vous ne pouvez imaginer son regard quand elle jetait son dévolu sur un homme, son oeil détaillait le sujet, tel un peintre qui cherche, soupèse, mesure les avantages de le placer dans son tableau... Je m'égare, excusez-moi... Cette observation précise m'a sauté aux yeux le soir où nous avons dîné avec eux et un protégé de Lucien. Un garçon d'origine italienne qui avait purgé cinq ans de prison. Nous fêtions l'intégration de celui ci. Lucien lui avait trouvé du travail. Si vous voulez mon idée, c'est là qu'il faut chercher la clé de l'énigme.

Je l'interromps en soulignant ce que Monsieur Grenier m'avait dit, que la police, après enquête, l'avait tout à fait disculpé.

- C'est vrai, reconnaît-il, mais j'ai gardé un doute, de même pour quelqu'un dont on n'a guère parlé, c'est le fils d'Émilienne... un bon à rien qui pressurait sa mère...

Nous gardons le silence puis je me lance et lui demande :

- Vous avez parlé à la police de ce que vous venez de me raconter au sujet de Madame Gaudy ?

Il me répond très vite :

- Non, ils auraient pu croire à une jalousie de ma part. Je sais, j'ai été lâche.

Il se tait de nouveau. Monsieur Delors s'inquiète de savoir quand je repars à Paris. Il me demande la plus grande discrétion sur tout ce qu'il vient de me confier. Je pense qu'il a souhaité se disculper. Nous parlons encore un moment puis nous nous quittons. Il m'a demandé mon adresse, il ne manquera pas de m'écrire si il y a du nouveau mais il n'y croit plus. Il me remercie de mon écoute, il espère ne pas m'avoir importunée.

XIX

Après les confidences de Delors qui ressemblent à des confessions, j'ai pu lui parler plus librement de ma quête presque obsessionnelle de ce type de disparition. Il reconnaît lui aussi que depuis le drame, quand les journaux parlent de personnes disparues, il se sent pour ainsi dire concerné tant il a mesuré le désespoir dans lequel les proches se trouvent plongés, et leur attente qui s'éternise.

J'ai le sentiment que nous nous sommes quittés plus respectueux l'un vis-à-vis de l'autre, plus compréhensifs.

L'analyse et les observations faites par Delors, à propos de la disparition, me semblent plus sincères que celles de Jean, plus objectives, sans doute. Je lui avoue le faux-prétexte inventé pour me donner le droit de visiter l'immeuble des Gaudy. Il ne fait aucune remarque, mais je pense qu'il n'a pas été dupe. J'ai hâte maintenant de me retrouver chez moi, de retrouver mon mari, mon environnement sécurisant. Toutes ces investigations et tous les souvenirs qui ont surgi m'ont perturbée plus que je ne veux me l'avouer. Je tente plusieurs fois de joindre Jean mais sans succès. Avant de partir je lui laisse un message sur son répondeur, lui promettant d'écrire.

Installée dans le train, j'éprouve une sorte de soulagement : je me suis vraiment trop impliquée dans cette histoire. Mais durant le voyage je me laisse encore aller à y repenser. Je me reproche presque de ne pas avoir pris contact avec leur femme de ménage, la première sur les lieux, le matin de leur disparition. Jean m'avait expliqué qu'il était arrivé deux heures après leur « brave Emilienne » qui avait les clés. Elle avait mis de l'ordre dans la maison, effaçant peut-être des indices importants. C'était une femme simple, à leur service depuis sa naissance. Elle avait affirmé à la police que tout était en ordre, à part que le lit était défait, ce qui n'était pas l'habitude de Madame, et il n'y avait pas trace du petit-déjeuner. C'était tout ce qu'elle pouvait dire. Elle avait rangé, astiqué, elle ne s'était pas inquiétée comme la plupart des voisins ou des clients.

De quel droit serais-je allée la questionner? La police avait dû l'entendre jusqu'à la harceler. Elle était maintenant en maison de retraite. Delors avait été discret à son sujet. Je me souviens simplement que pour répondre aux inquiétudes des personnes qui s'interrogeaient, s'interpellaient, le matin de la disparition, Delors avait dit : « Attendez, je vais voir derrière si j'aperçois quelque chose ou quelqu'un ». Tout était sombre, il était revenu très vite dire qu'il n'avait vu personne. Il m'avait simplement rapporté que la brave Émilienne l'avait « engueulé » d'avoir mis de la terre partout sur la terrasse. Comme si c'était important de s'attacher à un tel détail dans des circonstances pareilles ! Je crois que c'est le seul moment où Marcel a évoqué la vieille domestique. Je me demande aussi pourquoi il n'a pas appelé le fils Gaudy plus vite ; mais c'est vrai que dans ces instants-là, on ne pense pas au pire, et que l'on préfère attendre celle qui ouvre, comme d'habitude, la première. Émilienne avait d'ailleurs rassuré tout le monde, en disant : « tout est en ordre »

Je vais arriver à Paris et je me rends compte combien cette histoire m'a occupée l'esprit durant tout le trajet. Heureusement, dans une demi heure je serai chez moi. J'espère que François ne sera pas trop pris. J'ai besoin de sa présence rassurante.

Sur le quai, je l'aperçois. Il me sourit et bientôt il me prend dans ses bras ; je ne sais pas pourquoi, je me mets à pleurer. Il essuie mes larmes en disant :

- Mon petit détective est fragile. Toute cette histoire l'a perturbée. Je crois que j'ai été bien inspiré de me libérer pour tout l'après-midi.

J'ai retrouvé ma maison avec une joie

voluptueuse, comme si j'étais partie depuis longtemps, je m'imprègne de son odeur. Je replace quelques bibelots. Je fais le tour des pièces. J'ai abandonné ma valise dans notre chambre, jeté un coup d'œil distrait à mon courrier. Je suis maintenant blottie dans les bras de François. J'ai besoin de lui parler, peut-être pour me justifier et me faire pardonner toutes ces démarches vaines et désordonnées. Il m'écoute avec patience. Simplement quand je lui dis mon regret de ne pas avoir pu rencontrer Emilienne, la domestique, la première sur les lieux, il s'insurge :

- Voyons, tu n'es pas logique, tu viens de me dire combien tu regrettes d'avoir entrepris ces démarches inutiles, et là tu retombes dans ce que tu viens de déplorer.

- C'est vrai ! Je suis stupide.

- Non, je crois surtout que tout ce passé a refait surface. Il s'y côtoie les lieux de ta jeunesse, de notre jeunesse, et surtout le souvenir de tes parents, c'est sûrement douloureux, cela matérialise la fuite du temps. Je pense que c'est ce qu'on appelle la nostalgie.

J'ai la gorge serrée, je sais que François a su exprimer la vérité sur cette quête. Il continue :

- Tu as fait une sorte de pèlerinage. Mais je suis heureux que tu aies pu concrétiser le projet de transformation de « ta » maison.

Je souris, nous nous comprenons.

Il m'embrasse passionnément, nous allons rattraper ces jours d'absences.

XX

Les mois passent... Chacun d'entre nous a repris ses activités. Nous avons pendant quelques temps beaucoup parlé de « l'affaire » et de cette éventualité de partir vivre à Bordeaux. Maintenant je n'ai aucune envie de quitter Paris; je me sens parfaitement heureuse avec ma famille, nos amis, nos activités, et la proximité des éditeurs avec lesquels je travaille.

De mon court séjour en Gironde, je garde un sentiment d'insécurité, d'insatisfaction, en quelque sorte un malaise indéfinissable, mises à part ma soirée avec Agnès et notre escapade à Andernos. Depuis, nous sommes revenus plusieurs fois à Caudéran, pour suivre les travaux qui ont totalement transformé la petite échoppe, elle me plaît beaucoup ainsi. Nous l'avons louée. Il m'arrive de penser aux Gaudy, à Jean, à Monsieur Delors. Je n'ai pas rappelé

Jean comme je le lui avais promis. Marcel Delors m'a adressé ses voeux auxquels j'ai répondu. Enfin, petit à petit, cette parenthèse bordelaise, celle de 2005, qui m'a tant bouleversée et occupée, sort tout à fait de mon esprit.

Des mois se sont écoulés. Je ne suis pas revenue sur la tombe de mes parents l'année suivante pour la Toussaint, une forte grippe m'avait clouée au lit. J'ai remis le voyage à plus tard. Nous sommes en Octobre. Cette année, François va m'accompagner, j'effectuerai donc le voyage. C'est à ce moment-là qu'Agnès me téléphone. Elle arrive à Paris pour les vacances de la Toussaint. Elle nous promet une surprise. Trop heureux de cette venue, nous remettons notre voyage à Bordeaux pour Noël. En même temps, je reçois une lettre de Monsieur Delors.

Je vais chercher Agnès à la gare Montparnasse. Elle n'a pas son éternel sac à dos, ni sa tenue de baroudeur. Je la trouve changée, élégante, je lui en fais compliment. J'ai hâte qu'elle me surprenne. Elle promet de tout me dire dès que nous serons arrivées chez moi. « D'ailleurs, précise-t-elle, je n'aurai rien à te dire, tu n'auras qu'à lire ». Je pense immédiatement à son père, je suppose qu'il a écrit un livre où il évoque son métier, et l'affaire des fromagers disparus. Il m'en avait parlé je crois, c'est ce que je dis à Agnès. Elle sourit et me dit :

- Tu y es presque mais ce n'est pas ça.

François nous attend pour dîner. Lui aussi est impatient de savoir ce que nous cache notre amie. La voyant ainsi transformée, il me suggère qu'elle va sans doute se marier avec quelqu'un de très connu ; ce doit être cela son étonnante nouvelle.
- Non, je ne pense pas, elle m'a parlé de quelque chose à lire.
- C'est un faire-part ! s'exclame François de plus en plus convaincu.

Nous sommes maintenant installés au salon. Agnès brandit un sac en papier dont je reconnais immédiatement la couleur bleue d'une grande librairie bordelaise.
- Voilà, nous dit-elle, ce que j'ai découvert par hasard et que je suis heureuse de vous offrir.

François est sans doute aussi déçu que moi en découvrant un livre de nouvelles. Toujours intrigués, nous lisons le titre : *Aucune trace mais des souvenirs...*

L'auteur : *José Aventura.* La bande rouge souligne qu'il s'agit d'un excellent recueil de nouvelles. La quatrième de couverture parle de l'auteur né en 1965 à Bordeaux, il a imaginé cinq récits bâtis à partir de fait-divers survenus dans sa ville :

- Une explosion de gaz
- Un galion dans les eaux de la Garonne
- Un drame au zoo
- Un vol à la basilique.
- Une disparition.

Agnès nous demande de lire la page qu'elle a marquée avec le repli de la bande : *On n'écoute pas assez les enfants.* Ni le titre ni l'auteur ne nous évoquent quelque chose, seul petit indice, toutes ces nouvelles se passent à Bordeaux. Nous restons silencieux, nous avons hâte de savoir ce que tout cela signifie et ce qui peut nous étonner. Agnès nous dit :

- Lisez ... je n'en dis pas plus.

François et moi nous calons, dans le canapé et commençons à lire le court récit.

Je lève les yeux vers Agnès, d'un air complice je lui dis :

- C'est donc cela l'étonnante surprise !

François maugrée :

- Nous y revoilà !

Puis nous commençons la lecture que l'auteur fait remonter à l'origine de l'affaire.

On n'écoute pas assez les enfants...

Comme tous les matins, c'est un rituel, je lis Sud-Ouest avant de m'installer dans mon bureau pour écrire. Je dois reconnaître que tous les faits-divers qui y sont relatés sont pour moi source d'inspiration. Ce matin d'avril 2005, je suis un peu déçu... rien à me mettre sous la dent, quand tout-à-coup un petit article attire toute mon attention : « Serions-nous sur les traces du couple de fromagers disparus en 1989 ?»

Cette nouvelle me ramène vingt ans plus tôt. Va-t-elle mettre fin à une énigme qui avait secoué tout notre quartier ? J'avais alors dix ans, j'étais en CM1 à l'école Jules Ferry. Les moindres détails de cette affaire me reviennent aussitôt en mémoire.

Bien entendu ma mère m'a forcé à mettre ce capuchon qui me donne l'air d'une fille. Je vais le garder jusqu'au coin de ma rue, je le fourrerai ensuite bien vite dans mon cartable. Je préfère attraper une otite que d'entendre Arthur chanter : Thierry c'est une fille, il a mis son bonichon, ainsi font font font les filles, les filles ! Celui-là il va me le payer. Je tâte les tas de billes qui gonflent mes poches. Ce matin, il faut que je lui raffle le berlon qu'il a gagné à Jules. Je suis sûr que Jules m'aidera.

J'avance tête baissée, mettant en place ma stratégie. Mais, c'est quoi cet attroupement dans la rue, devant la crèmerie ? Mais je rêve, c'est ma mère, elle va voir que j'ai enlevé mon capuchon. Je ne comprends rien, elle est partie avant moi, elle est là qui bavarde avec des gens du quartier. Je reconnais la mère d'Arthur. Peut-être qu'elle parle de nos bagarres. Elle qui me dit de ne pas traîner pour ne pas être en retard ! Je vais me faufiler sans qu'elle me voie.

En passant près de l'attroupement, j'entends qu'on parle de la police. On fait cercle autour de Louise la femme de ménage des Lagune, les crémiers. Elle doit être drôlement fière d'être écoutée. Les grilles du magasin sont fermées. D'habitude, quand je passe devant je vois le patron. Il a déjà déposé des commandes pliées sur l'étagère de la devanture. Tout habillé de blanc avec son calot, il me fait penser au chirurgien qui m'avait opéré de l'appendicite, mais lui, était en vert, il m'avait palpé le ventre sans rien dire, et quand je vois Monsieur Gaudy faire la même chose avec certains fromages, j'ai envie de l'appeler Docteur. Des fois, il prépare ses étiquettes, ou il tourne et retourne des grosses meules, j'aime bien le regarder... Je ne vois pas non plus l'apprenti avec son vélo et le grand panier d'osier qu'il charge pour aller livrer les premiers clients. J'ai toujours envie de lui crier « ramasse tes fromages, crémier » C'est une plaisanterie que fait régulièrement mon père quand je tombe. Je trouve ça idiot mais lui, ça le fait rire. Je me dépêche car il faut que je voie Jules avant de rentrer pour qu'il m'aide par rapport au berlon. Mais j'y pense, on a dû les cambrioler ? Je cours maintenant vers l'école, oubliant ma mère, le crémier, l'attroupement, le vol.

Quand je reviens à midi, je suis tout à ma joie, j'ai regagné le berlon plus une agathe, et tout seul, Jules n'a pas voulu marcher dans la combine, quel idiot, je pense qu'il a peur d'Arthur. Je passe de nouveau devant le magasin, toujours fermé. Les voleurs ont dû tout prendre. Je me demande où ils vont entreposer tous ces fromages, surtout qu'il y en a qui puent. Je vois deux clientes qui discutent d'un air désolé. Sans doute qu'elles n'avaient plus de camenbert pour leur repas de midi, et moi, je sais que mon père il y tient, avec son petit verre de rouge, sinon, ça le met de mauvais poil.

J'ai un peu de regret moi aussi car j'aime bien observer Madame Lagune perchée derrière son comptoir. Avec ses cheveux noirs tirés en arrière, ses joues rondes, ses sourcils dessinés avec un crayon noir, et ses lèvres épaisses rouges comme du sang, elle me fait penser à la femme de Popeye. Elle ne sourit guère, trop occupée à surveiller son mari et la clientèle. Je crois qu'on a surélevé son siège pour ne pas que sa grosse poitrine empêche le tiroir caisse de s'ouvrir. Des fois, je me dis que j'aimerais que ma mère ait aussi de gros seins, ce doit être bien pour les câlins ; mais dans le fond, avec ma mère, c'est mieux, on est plus près du coeur. Je pense aussi que son fils, il n'a pas dû en avoir souvent des calins, car si elle ne sourit pas, c'est qu'elle doit avoir peur de faire craqueler sa peau ou la poudre qui lui fait comme un masque.

Ma mère ne l'aime pas beaucoup, elle dit que c'est une fière. Mon père, lui, ne dit rien. Je crois que les hommes ils aiment bien les gros nichons. Quand j'arrive, mes parents sont déjà à table, c'est bizarre, ils ne me disent rien ni pour mon retard, ni pour le capuchon. En enlevant mon manteau, je fais dégringoler toutes mes billes qui rebondissent sur le carrelage dans un bruit de cataracte. Je me précipite pour tenter de stopper la chute, les gueulantes vont suivre... Mais non, ils continuent à discuter entre eux, l'air grave.

- Pour moi, c'est un enlèvement dit mon père, avec le fric qu'ils gagnent, ils sont la proie des aigrefins.

Je me demande pourquoi les églefins s'intéresseraient à des marchands de fromages. Je dois me faire oublier, aussi je ne pose pas de question. Ma mère prend la parole :

- Oui, mais cet argent, ils ne l'ont pas volé. Le pauvre Monsieur Lagune est souvent debout à quatre heures du matin, plus tôt, quand il part en Dordogne où il a ses fournisseurs. Non, moi je crois que c'est plus grave que ça.

Je mange mes carottes. Je profite du silence qui s'est installé pour dire :

- Alors on a cambriolé la crèmerie ? C'est pour ça que c'est fermé ?

Mes parents me regardent d'un air grave. Comme le jour où grand père est mort. Je le savais depuis la veille, mais les parents ils aiment se donner de l'importance pour m'apprendre avant quiconque les choses essentielles. C'est ma mère qui prend la parole :

- Autant que ce soit nous qui t'expliquions plutôt que les racontars des uns et des autres.

Une bien grande phrase pour me dire finalement que les crémiers avaient disparu.

Mon père se voulut plus rassurant. Comme pour pépé, tu sais il est mieux où il est, il ne souffre plus et je pensais aussi qu'ils n'auraient plus à payer la maison de retraite. Tous les mois ça faisait des disputes entre eux. C'était ça de gagné.

- Pour le moment, dit-il, ils sont partis sans avertir personne. On ne sait pas où. Le magasin reste fermé.

Ma mère suivait son idée et dit :

- Ils sont partis avec leur voiture, la 405 grise. On n'a aucune nouvelle. Louise, leur femme de ménage a trouvé leur maison comme d'habitude : bien rangée.

Chacun garde le silence. Je me demande pourquoi ma mère donne tous ces détails inutiles, je sais bien que leur voiture est grise et que Louise est leur femme de ménage. C'est elle ce matin qui prévenait les clients et se donnait le beau rôle. Je n'aime pas cette femme. Elle a un menton en galoche et en plus un gros bouton poilu. Elle rouspète tout le temps : après les chiens qui salissent son mur, après les vélos et les autos en stationnement qui l'empêchent de balayer la rigole. Une vraie sorcière. Moi, elle m'a à la bonne, quand elle me voit elle m'appelle Riri, j'ai horreur de ça alors quand je l'aperçois, je fais un détour. Ce matin c'était inutile, elle était trop occupée. Maintenant elle va faire l'importante, comme le jour où je l'ai vue dans l'auto de son fils, une décapotable puissante. Il faisait crisser les pneus et couiner les freins pour qu'on le remarque.

Je me risque à demander si la police est prévenue.

- Je pense, dit mon père, que le fils est impliqué.

Quand mon père ne sait pas, il dit tout le temps qu'il pense et ajoute, c'est certain... alors je sais qu'il ne sait pas.

Ma mère prend un air sérieux :

- En outre, c'est de sa responsabilité.

Quand elle dit de telles phrases je la trouve respectable. Elle précise même que Sud-Ouest est informé.

Ce sont ici les premièrs souvenirs de cette ténébreuse affaire qui me reviennent en mémoire. La police fit une enquête qui resta confidentielle puisqu'il n'y avait pas de cadavre et qu'il s'agissait d'une disparition de personnes majeures. Il n'y avait pas eu de violence apparente, pas de vol, mais Louise avait effectué un grand ménage avant de s'inquiéter du magasin fermé. C'est là qu'elle avait pris les choses en main. Les clients déplorèrent la disparition de cette excellente fromagerie, ils vantaient surtout Monsieur Lagune, un homme de qualité, d'une honnêteté scrupuleuse. Sa femme faisait moins l'unanimité. Sud-Ouest informa pendant des mois ses lecteurs, en donnant toutes les pistes probables mais aucune n'aboutit. On ne retrouva jamais ni le couple, ni leur voiture.

Aujourd'hui, plus de vingt ans après, en lisant les gros titres, j'apprends qu'à la suite de travaux pour la construction d'un parking à l'emplacement du jardin des crémiers, on vient de découvrir deux corps qui peuvent être ceux de Monsieur et Madame Lagune disparus en 1989.

Durant la période des investigations et des recherches, j'avais entendu les hypothèses les plus folles et les plus absurdes. Je dois avouer que pendant ces années-là, les réunions familiales, les bavardages de voisinage revenaient presque toujours sur ce sujet inépuisable. Chacun mettait en exergue ce que le crémier lui avait confié qui pouvait laisser croire que... d'autres privilégiaient le code civil ou pénal pour évoquer les sujets douloureux des disparus, et de ceux qui restent. D'autres avaient parlé au fils qui connaissait sans doute le lieu où se trouvaient ses parents. D'autres évoquaient des histoires de dissimulation au fisc...

Dans tous ces discours, personne ne songe à connaître l'avis d'un enfant, pourtant l'enfant que j'étais, avait vu des choses qui auraient pu orienter les recherches et peut-être révéler la vérité.

Un mercredi, ma mère m'avait permis d'aller fêter l'anniversaire de Jules, mon copain. Il avait déménagé dans une banlieue loin de Bordeaux. On avait été bien triste de ce départ. Mais ce jour-là, j'étais drôlement fier de prendre tout seul l'autobus pour aller fêter ses neuf ans. Pas très rassuré quand même, c'était la première fois que je faisais le voyage tout seul. Je ne risquais pas de rater l'arrêt car je ne quittais pas la route des yeux. C'est comme ça que j'ai repéré une voiture décapotable qui n'arrivait pas à doubler l'autobus. Il faut dire que la route était très étroite et bordée d'arbres. J'avais l'impression d'avoir déjà vu ce cabriolet, j'aimais bien répéter ce nom, ça sonnait bien. Le conducteur avait l'air de s'énerver, il devait être pressé. Mais comme j'arrivais à la Mairie, c'était là que je devais descendre, j'étais surtout inquiet de mon chemin, j'oubliai la voiture qui filait vite, et son conducteur trop heureux d'avoir enfin pu doubler.

Je me répétais la route que je devais prendre pour aller chez Jules : longer le parc municipal, traverser un petit ruisseau sur un pont métallique, prendre un chemin de terre, leur maison était toute neuve près d'une forêt. C'est en bordure de ce bois que j'ai revu la voiture. Je l'ai reconnue alors tout de suite : la voiture aux pneus qui crissaient, c'était celle du fils de Louise, la femme de ménage des marchands de fromages.

Dans l'après midi, c'est dans ce bois qu'on a fait une sacrée partie de cache-cache. C'est là aussi que j'ai aperçu ce que je n'aurais jamais dû voir.

Sur un tapis de mousse bien à l'écart, la crémière étalait sa poitrine nue et l'homme à la décapotable la pétrissait à pleines-mains, l'embrassait ou la léchait. La femme poussait des petits cris. L'homme se trémoussait sur le corps étendu. Je m'éclipsai rapidement pour ne pas les déranger, mais surtout pour ne pas être repéré. Je me sentais à la fois fasciné et choqué par ce que je venais de voir.

Jules m'appelait depuis un moment, il s'est même fâché parce que j'étais allé trop loin, ce n'était pas du jeu, et sa mère lui interdisait ce coin. Il a même dit : « T'es tout pâle t'as dû avoir peur de t'être perdu » ? Je le lui laissai croire et je ne dis rien de ce que je venais de voir. J'avais comme honte, surtout d'avoir reconnu la femme, je me sentais comme en faute.

Je n'ai jamais raconté ce que j'avais vu. Mais ce spectacle reste ancré dans ma mémoire. Vingt ans se sont écoulés... Il y a prescription,

Louise est morte dans une maison de retraite, elle avait perdu la tête, elle n'a jamais parlé de ce qui s'est réellement passé quand les fromagers ont disparu. Son fils a été arrêté plusieurs fois pour diverses escroqueries, mais il roule toujours en décapotable.

XXI

Agnès et moi nous nous regardons en souriant. Silencieuses, nous attendons que François ait terminé sa lecture, ce qui ne tarde pas. Il referme le livre et s'exclame :
- C'est vraiment une coïncidence étonnante !

Avant de poser toutes les questions qui se bousculent dans ma tête, je leur demande de m'attendre. J'ai moi aussi quelque chose d'inattendu à leur montrer : la lettre de Monsieur Delors reçue ce matin-même. Il ne me faut que quelques minutes pour aller la chercher dans mon bureau et leur en faire la lecture :

Madame

Je vous avais promis de vous tenir informée si des éléments nouveaux survenaient dans la triste affaire dont nous avions tant parlé. Je vais vous raconter ce qui est arrivé.

Vous savez que la crèmerie et l'immeuble d'habitation sont restés à vendre très longtemps ? Ce sont finalement les mêmes acquéreurs que ceux du garage mitoyen. Ils ont construit un ensemble immobilier avec des parkings.

Avant la signature de l'acte définitif, les plans d'urbanisme, le permis de construire, il s'est écoulé presque deux ans. Ma femme et moi avons suivi de près l'évolution du projet car la contiguïté de notre habitation nous préoccupait à cause des nuisances qui pouvaient en résulter. Bien sûr, face à des promoteurs, nous n'avons pu que nous incliner. Mais ceci n'est pas ce qui vous intéresse.

Les premiers coups de bulldozer ont été donnés au printemps. Après l'évacuation des gravats, l'entreprise de construction a dû faire des fouilles importantes pour les parkings souterrains. C'est là, qu'ils ont découvert des ossements provenant de deux corps qui avaient été enfouis dans une ancienne fosse septique, au fond du jardin. Bien sûr les travaux ont été arrêtés, des enquêteurs diligentés ; vous ne serez pas surprise d'apprendre qu'il s'agissait des restes de nos deux amis. Des traces d'enfoncement de la boîte crânienne et des fractures multiples confirment la thèse de l'assassinat. Une enquête est en cours. L'affaire de la disparition de nos voisins, et amis, a refait la Une des journaux. Nous avons repris contact avec Jean, en raison de ces douloureuses circonstances. Comme toujours il s'est montré courageux, je dirais même flegmatique... peut-être soulagé, c'est triste mais on peut le comprendre presque vingt trois ans après...

Suivent les formules de politesse.

Après ces deux lectures, nous restons silencieux. Pour détendre l'atmosphère, François nous dit :
- Un suicide est définitivement écarté !

Je lui en veux de cette réflexion ironique. Il n'a pas mesuré l'investissement qui a été le mien pour me replonger dans l'affaire. Cette recherche impossible m'a permis de revivre un passé où il n'avait pas encore sa place. Je crains qu'il ne voie dans ma recherche, j'allais dire mon « enquête », le seul fait que j'aie repris contact avec un amour de jeunesse, totalement oublié, et dont il ne reste qu'un souvenir attendri. Donc, il se trompe. A-t-il été soupçonneux quant à nos retrouvailles ?

Il y a quarante ans, Jean m'a permis de m'émanciper. Cela, François ne l'a pas compris. Et pourtant, si je l'aime, c'est un peu grâce à l'homme qu'il jalouse.

Je me rends compte aussi que l'on ne peut tout partager. Enfin, mon mari a dû oublier combien les disparitions inexpliquées me fascinent. N'ai-je pas écrit un premier livre à ce sujet ?

Alors pourquoi cette ironie après nos lectures ?

Le silence vient de s'installer. Il marque nos différences quant à l'analyse de cette histoire. Je m'en veux de mon jugement vis-à-vis de François... Lorsqu'il m'a accueillie à mon retour de Bordeaux, je crois que c'est lui qui a eu les mots justes : il a parlé de nostalgie à propos de ce passé recomposé et de mon autre obsession... le temps qui passe.

Je suis comme absente de ce que peuvent dire François et Agnès. J'ai la vision de la maison en démolition. Il me semble voir la boule de fonte éclatant les murs, des gens dans la rue qui regardent. Je pense à Delors et sa femme inquiets pour leur propre maison, ils observent les maîtres d'œuvre et les architectes casqués, qui examinent leurs plans, indifférents aux bruits des murs effondrés, des fenêtres fracassées qui s'entassent dans des nuages de poussière... des lambeaux de tapisserie à rayures exposés, des mosaïques, des pierres noircies d'une ancienne cheminée... je revois les tentures raffinées, étalées à tous les vents, une intimité violée. Cette vision d'une maison éventrée me semble obscène. Le massacre de toute une vie...

C'est Agnès qui rompt le silence.

- Reste la possibilité d'un crime crapuleux, un crime passionnel, ou une vengeance.

Je pense que tant d'années se sont écoulées... Tous ces gens ordinaires aux vies confuses ne laissent que des bribes de vérité et beaucoup de non-dits qui embrouillent les pistes. Tous confondent leurs propres sentiments. Ils mêlent les faits à leurs fantasmes, recomposant ainsi un passé sans doute à leur image.

Je ne peux m'empêcher de constater combien cette ténébreuse affaire a fait couler d'encre et a frappé les esprits, le mien en particulier. Mon mari me regarde. Il m'enlace tendrement. Il doit penser la même chose. Nous aurions souhaité une fin moins tragique. Je pense à Jean. La découverte des ossements va enfin pouvoir lui permettre de faire le deuil et recommencer à vivre.

Agnès me dit que son père va m'écrire.

Je remercie Dominique, Fabienne, Evelyne, Joëlle, les deux Martine, Carmen, Colette, Joël et mon éditeur... pour leur soutien et leur aide efficaces.

Achevé d'imprimer à Mérignac par
COPY-MEDIA
23 rue Francisco Ferrer - 33700 Mérignac
www.copy-media.net
Dépôt Légal Mars 2008